清·段長基 著
王彩琴 張虹 張艷 席德育 點校

歷代一統表之一

歷代統紀表（三）

全國高校古籍整理研究委員會資助項目
河南古都文化研究中心學術文庫成果
白河書齋河洛文獻系列叢書之三

文物出版社

歷代統紀表卷之七

偃師段長基述
孫鼎鑰、鼎鈞校刊

南北朝

以江爲界，不能混一，故《綱目》分注其年，以紀其事，正朔要當，屬之南朝。宋初猶有西秦、大夏、北燕、北涼、西涼五國，文帝時始盡滅于魏。

無統，西辛。○注：是歲，西涼亡。凡六國。

宋	宋高祖劉裕永初二年。○注：彭城人。在位三年，壽六十歲。劉姓，漢高祖弟楚元王之後。武帝仕晉，誅桓王，迎復安帝。以功封宋王。受恭帝禪，國號宋，都建康傳八世，歷十六年。
北燕	北燕馮跋太平十二年。
魏	魏拓拔嗣泰常六年。
西秦	西秦乞伏熾磐建弘二年。
北涼	北涼武宣王蒙遜玄始九年。
夏楊	夏楊世祖赫連勃勃真興三年。
異國	異國

按：宋自庚申四月即位改元，《綱目》不以大書者，紀晉歷之餘也。今則可以大書紀年矣。曷爲與魏以下并爲列國書之？曰：『此大節也。』晉自江左偏安，土宇分裂，《綱目》猶大書其紀年者，以承西晉之正統也。宋氏篡晉，承其舊疆，非能恢復混一，其視魏之在北等耳。而魏祖猗盧，初亦受封于晉，至是稱帝，再世漸變華風，繼者可稱述。《綱目》并而書之，夫豈過哉？自是歷齊、梁、陳，至隋文帝九年既平江南，天下爲一，而後以開皇大書。故曰：統正于下而人道定矣。然則其先宋何也？内諸夏也。

春二月。

宋祀南郊，大赦。以廬陵王義真爲司徒，徐獻之爲尚書令、揚州刺史，傅亮爲僕射。

魏築苑。〇注：周三十餘里。

北涼屠燉煌，殺李恂。〇注：于是西域諸國皆詣蒙遜，稱臣朝貢。

	夏四月。	秋九月。	冬十一月。
宋	宋毀淫祠。	宋主劉裕弒零陵王于秣陵。○注：裕嘗欲害王，王慮之。與褚妃共處一室，飲食所資，皆出褚妃。至是，裕使褚淡之與兄叔度往視妃。妃出别室相見。兵踰垣而入，進藥于王，王不肯飲，兵人以被掩殺之。	葬晉恭帝于沖平陵。○注：上元縣境内。
北燕			
魏			
西秦			
北涼			
夏楊			
異國			

壬戌。春。	夏四月。	五月。
宋永初三年。以徐羨之爲司空，録尚書事。以廬陵王義真都督雍、豫等州軍事。		宋主裕殂，太子義符嗣。
魏泰常七年。		魏立子燾爲太子監國。
	宋封楊盛爲武都王。	

	六月。	冬。
宋	以傅亮爲中書監尚書令。謝晦爲中書令。謝方明爲丹陽尹。	
北燕		
魏		魏遣司空奚斤督諸將擊宋，取青、兗諸郡，宋遣南兗州刺史檀道濟救之。
西秦		
北涼		
夏楊		
異國		

按：自晉南渡，中原板蕩，莫克致討。劉裕獨能乘時奮發，所向成功，既定南燕，遂平關洛。中原之勢，已少振矣。倘心存恢復，豈難蕩一海内而成一統之業？乃心圖篡事，急于東還，絶不以中原爲意，卒至有東堂之弒，秣陵之酖，則向之擊孫恩盧循討玄伐燕者，何爲哉？崔浩曰：『劉裕之平禍亂，司馬德宗安帝小名之曹操也。』豈不信哉！

癸亥。春正月。

二月。

夏四月。

宋主義符景平一年。○注：武帝子在位一年。以蔡廓爲吏部尚書，不受。

魏泰常八年。魏取宋金墉。

魏築長城。

諸蠻入貢。

秦遣使入貢于魏。

	閏月。	秋七月。
宋		
北燕		
魏	魏拔虎牢，執宋司州刺史毛德祖，遂取司、豫諸郡。	
西秦		
北涼		
夏楊		
異國		柔然攻北涼，殺其世子政德。○注：柔然，北狄國名。元魏神元帝末掠騎得。奴髮始與眉齊，其主字之曰木骨閭，蓋虜語。首曰禿木骨閭與郁久閭音相近，因以爲氏。至其子車鹿會雄健始有部衆，自號柔然。魏太武以其無知，狀類動蟲，

改其號曰『蠕蠕』。初，柔然部人，世服于代。及秦滅代，遂附于劉衛辰。魏王珪即位，高車諸部皆服，獨柔然不下。晉武帝太元十六年，珪引兵擊之。追至大磧南牀山下，大破之。悉徙其部衆于雲中，至晉安帝元興間，魏因與秦有隙，攻其屬國，没奕于柔然。

冬十一月。

宋		
北燕		
魏		魏取宋許昌、汝陽。魏王嗣殂。太子燾嗣魏，立天師道場。
西秦		
北凉		
夏楊		
異國	可汗社崙遣將救之，大敗。遠遁漠北，奪高車地而居之，遂吞并諸部，雄于北方，自號『豆代可汗』。社崙死，其弟斛律立，三年步鹿真自立，社崙之子大壇又殺而代之。	

	甲子。春正月。
	宋景平二年太祖文帝義隆元嘉一年。廢盧陵王義真爲庶人。
○注：珪之始帝，置五經博士，燾之始立，立天師、道場二祖之異，尚可見矣。晉孝武立精舍，拓跋燾立道場，孝武不免張貴人之禍，而燾亦隕于宗愛之手，報應之説，何其爽歟？	魏太武帝燾始光一年。

	夏五月。
宋	徐獻之、傅亮、謝晦廢其主義符爲營陽王，遷于吴。六月，弒之。迎宜都王義隆于江陵，殺前廬陵王義真，以謝晦行都督荊、湘等州軍事。
北燕	
魏	
西秦	
北涼	
夏楊	
異國	

秋八月。

冬十一月。

宋主

義隆嗣。

吐谷

渾王阿柴卒，弟慕璝嗣。○注：阿柴有子二十人，疾病，詔諸子弟，謂之曰：『先公車騎舍其子拾虔而受孤，孤敢私于緯代而忘先君之志乎？我死，汝曹當奉慕璝爲主。』緯代者，阿柴之長子；慕璝者，阿柴之母弟。叔父烏紇提之子也。吐谷渾，西域國名，古析支之地。其先本遼東鮮卑，徒河涉歸之。庶長名吐谷渾，慕容廆庶兄也。其父涉歸，分爲二部以隸之。

宋	
北燕	
魏	
西秦	
北涼	
夏楊	
異國	因二部馬鬬廆讓之，令其遠異渾，因西徙，遂四傳陰山而居屬晉。永嘉之亂，始度隴，據洮水之西，極于白蘭，稱河南王。渾長子吐延，吐延子葉。延因王父字爲氏，自號其國曰吐谷渾。葉，延子曰辟溪。太和六年，附于苻秦。辟奚子視連，太和十五年，附于乞伏乾歸。卒，子視羅嗣。隆安二年，爲乾歸所敗。卒，弟烏紇提立，尋死。視羅之子樹洛干立。義熙十二年，卒。弟阿柴立，自以兵力侵并旁小種，遂爲强國。

十二月。

夏世子珪殺其弟倫。倫兄昌討珪，殺之。○注：夏主將廢，太子璝而立少子倫璝，將兵伐倫，倫拒之，敗死。倫兄昌襲璝，殺之，而并殺其衆，歸于統萬。夏主大悦。立昌爲太子。

	乙丑。春正月。	二月。	三月。
宋	宋元嘉二年。宋主始親聽政。		
北燕		燕有女子化爲男。	
魏	魏始光二年。		魏主尊保母竇氏爲保太后。
西秦			
北涼			
夏楊	夏赫連昌承光一年。		
異國			

夏六月。

秋八月。

○注：漢宣之初，阿保賜物而已。至漢安王，聖漢順宋娥皆封君于是，至尊爲太后甚哉。以長孫嵩爲太尉，長孫翰爲司徒，奚斤爲司空。		
	武都王陽盛卒，子玄嗣。	夏主勃勃殂，子昌嗣。

丙寅。春正月。

閏月。

宋	宋元嘉三年。討徐羨之、傅亮殺之,以王弘爲司徒,録尚書事,彭城王義康都督荆、湘等州軍事,謝晦舉兵反江陵。	子劭生。○注:初,袁皇后大劭形貌異常,后恐其破國亡家,欲殺之。
北燕		
魏		
西秦	魏始光三年。	
北涼		
夏楊		
異國		

三月。

夏五月。

帝急禁之乃止。以尚在諒闇，故秘之，至是始言劭生。宋主育子于諒闇，卒有商臣之禍，微之，顯其不可掩也，如此。

宋主自將討謝晦，二月殺之。

以謝靈運爲秘書監，顏延之爲中書侍郎。

以檀道濟爲江州刺史。

		冬十月。	十一月。	丁卯。
宋	到彦之爲南豫州刺史。宋主始親聽訟。			宋元嘉四年。
北燕				
魏		魏主自將攻夏。	魏主入統萬，別將取蒲坂及長安。	魏始光四年。
西秦				
北涼				
夏楊			夏攻秦人抱罕。	
異國				

春正月。	夏五月。	六月朔，日食。	秋八月。
宋主謁京陵。			
魏主入平城。	魏主發平城。○注：魏奚斤與夏平原公相持于長安，魏主欲乘虛伐統萬，五月發平城。	夏主及魏主戰于統萬，敗走上邽，魏取統萬。	魏主還平城。
		秦遣使入貢于魏。	
			夏安定降魏。

	冬十一月。	戊辰。
宋	晉徵士桃潛卒。○注：潛字淵明，潯陽人也，侃之曾孫也。少有高趣，博學不群，自以先世爲晉輔，恥復屈身，後代自宋高祖王業漸降，不肯復仕，世號靖節先生，卒于宋。而書晉潛始終晉人也。	宋元嘉五年。
北燕		
魏	魏封楊玄爲南秦王。	魏神䴥一年。
西秦		西秦乞伏暮末永弘一年。
北涼		北涼承一年。
夏楊		夏赫連定勝光一年。
異國		

春二月。	夏五月。	六月。	秋。	冬十一月朔，日食。
		以王弘爲衛將軍，開府儀同三司。		
魏人及夏戰于上邽，執其主昌以歸。				
	秦王乞伏熾磐卒，世子暮末嗣。		秦及涼平。	
		涼侵秦。		涼復攻秦。
夏赫連定稱帝于平涼。○注：定，夏平原公。夏復取長安。				

	己巳。春正月。	三月。	夏五月朔，日食。
宋	宋元嘉六年。以彭城王義康爲司徒，録尚書事。江夏王義恭都督荊湘等州軍事。	立子劭爲太子。	
北燕			
魏	魏神鹿加二年。丁零来降。		
西秦			
北涼			涼及吐谷渾侵秦，敗績。涼世子興國被獲。
夏楊			
異國	丁零降魏。		柔然大擅可汗死。子敕連可汗吴提嗣。

秋七月。	八月。	冬十月。	十一月朔，日食。星晝見。	庚午。
				宋元嘉七年。
	魏遣兵擊高車，降之。	魏以崔浩爲撫軍大將軍。		魏神䴥年。
			秦地震。	
武都王楊玄卒，弟難當廢其子保宗而代之。				

	宋	北燕	魏	西秦	北涼	夏楊	異國
夏六月。						宋封楊難當爲武都王。	
秋八月。	林邑來貢。						林邑入貢于宋。
九月。		燕王馮跋殂，弟弘殺其太子翼而自立。	魏主如統萬。	西秦自正月不雨，至于是月。			
冬十月。			魏取宋金墉、虎牢。	秦還保南安。			
十一月。	遣檀道濟伐魏，道彥之棄軍走。		魏取夏安，定隴西。攻宋滑臺。北涼來貢。		涼遣使入貢于魏。	夏及魏人戰敗，走上邽。魏取安定、隴西。	

十二月。	未辛。○注：是歲，秦夏皆亡，凡四國。春正月。	二月。
以長沙王義欣爲豫州刺史。	宋元嘉八年。檀道濟救滑臺，敗魏師于壽張。	檀道濟引軍還青州，刺史蕭思話棄城走。
	燕王馮弘太興一年。	
魏人克平涼，復取長安。	魏神䴥四年。	魏克滑臺，魏主還平城，復境内租一歲。
	秦主暮末被夏主執歸，殺之。○注：秦亡。	
	北涼義和一年。	
	夏滅秦。以秦王暮末歸，殺之。	

	夏六月。	閏月。	秋八月。	九月。
宋				
北燕				
魏		魏遣使如宋求昏①。	涼遣使入侍。吐谷渾來奉表。	魏以崔浩爲司徒，長孫道聲爲司空。遣使授涼王蒙遜官爵。
西秦				
北涼			涼遣子入侍于魏。	蒙遜稱涼王。
夏楊	夏擊涼吐谷渾，敗之，執其主定以歸。○注：夏亡。			
異國			吐谷渾奉表于魏。	

①『昏』，今作『婚』。

冬十月。		壬申。春正月。	三月。
		宋元嘉九年。	以王弘爲太保，檀道濟爲司空，還鎮尋陽。
	魏使崔浩定律令。	魏延和一年。魏尊保太后爲皇太后，立子晃爲太子。○注：保母，竇氏也，太后非矣。加皇又甚焉。	
○注：王七郡，置將相百官，建天子旌旗。			
			吐谷渾送故夏主，定于魏，魏人殺之。

	夏五月。	六月。	秋七月。	癸酉。
宋	太保王弘卒。	以司徒義康領揚州刺史。	以殷景仁爲尚書僕射。	宋元嘉十年。
北燕				
魏				魏延和二年。
北凉				北凉沮渠牧犍永和一年。
楊				
異國			吐谷渾告捷于宋。	

春二月。	夏四月。	五月。	冬十二月。	甲戌。
		林邑遣使入貢。	謝靈運有罪，誅。	宋元嘉十一年。
魏以燕馮崇爲遼西王。○注：燕長樂公馮崇降魏，魏以爲遼西王。				魏延和三年。
	涼王蒙遜卒，子牧犍嗣。			
			楊難當襲宋漢中，據之。	
		林邑遣使入貢于宋。		

	春。	乙亥。春正月朔，日食。
宋	梁秦刺史蕭思話討楊難當，破之，復取漢中。	宋元嘉十二年。
北燕	燕王弘稱潘于魏。	燕王弘稱藩于宋。
魏	魏及柔然和親。	魏太延一年。
北涼	涼遣使奉表于宋。	涼有神投書于敦煌東門。○注：有老人投書，求之不得，書曰：『涼王三十年，若七年。』
楊		
異國		

夏五月。	六月。	秋七月。	丙子。○注：是歲，燕亡。凡三國。春三月。
	宋大水，設酒禁。	禁擅鑄像造寺者。	宋元嘉十三年。殺其司空檀道濟。○注：劉湛説司徒義康矯詔殺之也。道濟見收，目光如炬，脱幘投地曰：『乃壞汝萬里長城。』
西域九國遣使入貢。	高麗王璉遣使入貢。		魏太延二年。
			楊難當自稱大秦王。○注：難當稱王，改元建義，立王后太子，置百官，皆如天子，然猶貢奉于宋魏不絕。
西域九國入貢于魏。	高麗入貢于魏。		

	夏。	秋七月。	冬。	丁丑。春三月。
宋			鑄渾儀。○注：詔令太史令錢樂之鑄。	宋元嘉十四年。
魏	魏伐燕，燕王弘奔高麗。	魏伐楊難當于上邽，降之。	魏置野馬苑。	魏太延三年。魏以南平王渾爲鎮東大將軍。鎮和龍。
北涼				
楊		楊難當降魏。		
異國			柔然絶魏和親，寇其邊。	

御批：國家設守令以牧百姓，其貪墨不法者，固可爲恨，若魏詔吏民告守令，則非矣。小民得以犯上，則名分蕩然，紀綱不振，其害有不可勝言者。懲貪自有國法，何其計之拙也。

夏五月。	戊寅。春二月。	三月。	冬十一月朔，日食。
	宋元嘉十五年。以吐谷渾爲隴西王。		立四學，以雷次宗爲給事中不受。
魏詔吏民告守令罪。西域來貢。	魏太延四年。		魏伐燕，燕王弘奔高麗。
涼遣子入侍于魏，遣使如宋。			
西域朝貢于魏。	吐谷渾慕利延爲隴西王。	高麗殺故燕王弘。○注：并其子孫十餘人。	

	己卯。○注：是岁，涼亡。凡二国。春二月。	夏六月。	冬十月。
宋	宋元嘉十六年。以衡陽王義季督都荊湘等州軍事。		
魏	魏太延五年。	魏伐涼，九月，姑臧潰。涼王牧犍降。	魏張掖王禿髮保周據郡叛。
		涼王牧犍降魏。○注：涼亡。	
楊	楊保宗奔魏，魏以爲武都王，守上邽。		
異國			

十二月。

太子劭冠。

魏王還平城。命崔浩、高允修國史。

庚辰。春正月。

夏四月朔，日食。

六月。

宋元嘉十七年。

魏太平真君一年。

大赦。改元。

沮渠無諱寇魏酒泉。○注：涼之亡，牧犍之弟無諱出奔敦煌，至是，寇酒泉拔之。

秋七月。

討禿髮保周殺之，沮渠無諱降。

沮渠無諱降魏。

冬十月。

劉湛有罪，誅，以彭城王義康爲江州刺史，江夏王義恭爲司徒，録尚書事，以始興王濬爲揚州刺史。

辛巳。

宋元嘉十八年。

魏太平真君二年。

春正月。	壬午。 春正月。 夏四月。
以彭城王義康督都江交廣州軍事。	宋元嘉十九年。
新興王俊謀反，伏誅。	魏太平真君三年。魏主詣道壇，受符録。
	沮渠無諱西據鄯善，李寶入據敦煌。
楊難當寇宋漢川，宋遣兵討之。	

	五月。 秋七月晦，日食。 九月。 冬十二月。			癸未。
宋	討楊難當，平之。		修孔子廟。	宋元嘉二十年。
魏			以李寶爲敦煌公。	魏太平真君四年。
	沮渠無諱襲高昌，宋封爲河西王。	○注：高昌，西域國名。都交河，城在鄯善、北吾、伊南，漢車師前王故地也。		
楊				
異國				

夏四月。	甲申。春正月。
	宋元嘉二十一年。宋主耕藉田，大赦。
殺其武都王楊保宗。	魏太平真君五年。以太子晃總百揆。禁私養沙門、巫覡。令公卿子弟皆入太學。
楊保宗被殺，宋以其弟文德爲武都王。	

	宋		魏			楊	異國
二月。	以江夏王義恭爲太尉。						
夏六月。			罷舊俗所祀胡神。		沮渠無諱卒，弟安周代嗣。		
秋八月。	以衡陽王義季爲兗州刺史，南譙王義宣爲荊州刺史。		魏主畋于河西。敦煌公李寶入朝于魏，魏人留之。				柔然敕連可汗死，子處羅可汗吐賀真嗣。

乙酉。春正月朔。	宋元嘉二十二年。宋行元嘉曆。以武陵王駿爲雍州刺史。		魏太平真君六年。				
三月。			詔中書以經義決疑獄。				
夏四月。			伐鄯善，鄯善降。				鄯善降魏。
秋七月。	討群蠻平之。		伐吐谷渾。慕利延走，據于闐。				魏伐吐谷渾，慕利延走，據于闐。

冬十二月。	丙戌。
太子詹事范曄謀反，伏誅。○注：惑于孔熙先之謀，欲弒宋主，立義康也。廢彭城王爲庶人，徙安城郡。始備郊廟之樂。	宋元嘉二十三年。
	魏太平真君七年。

宋
魏
楊
異國

御批：魏信道士寇謙之以黜沙門，復因佛寺有兵器，詔無少長，悉誅之，素無明禁，一旦盡行殲除，可謂不教而殺，亦慘其甚矣。

春正月。

三月。

夏六月朔，日食。

秋八月。

丁亥。

伐林邑。

克林邑。

築北隄，立玄武湖，起景陽山于華林園。

宋元嘉二十四年。

誅沙門，毀佛書佛像。

築塞圍。

魏太平真君八年。

吐谷渾復還故土。

	春三月。	冬十月。	戊子。春正月。
宋	鑄大錢。衡陽王義季卒。		宋元嘉二十五年。
魏	殺沮渠牧犍。		魏太平真君九年。擊楊文德，文德敗走漢中，宋免其官，削爵土。山東饑，罷塞圍役者。
楊		楊文德據葭蘆五郡，氐皆應之。	
異國			

夏四月。秋。冬十二月。			己丑。
以武陵王駿爲徐州刺史，罷大錢。			宋元嘉二十六年。
	悦般國遣使來，請合擊柔然，許之。	擊焉耆、龜茲，破之，西域平。	魏太平真君十年。

	春正月。	秋七月。	九月。	庚寅。夏四月。
宋		以隨王誕爲雍州刺史。		宋元嘉二十七年。以江湛爲吏部尚書。
魏	伐柔然，可汗遁走。		伐柔然，大獲。	魏太平真君十一年。
楊				
異國	柔然可汗遁走。			

六月。	秋。	冬十一月。
	大舉侵魏，取碻磝，圍滑臺。冬十月，魏主自將救之，將軍王玄謨退走。	雍州參軍柳元景大破魏師于陝，斬其將張是連提，進據潼關而還。
殺司徒崔浩，夷其族。		魏主進至魯郡，以太牢祠孔子，永昌王仁克懸弧，

	十二月。		辛卯。春正月。
宋			宋元嘉二十八年。殺其弟義康。
魏	遂敗宋師于尉武殺其將劉康祖，進逼壽陽。	魏主引兵南下，攻盱眙，不克。進次瓜步，宋人戒嚴守江。魏及宋平。	魏太平真君十二年。魏師還。
楊			
異國			

夏六月。

秋。

壬辰。春二月。

康。令民遭寇者，蠲其稅調。

宋元嘉二十九年。

復取碻磝，魏主攻盱眙，宋將軍臧質拒之，魏師退走。

太子晃卒。○注：謚曰景穆。

宋魏復通好。

魏高宗濬○注：太武燾之孫。興安一年。中常侍宗愛弒其君燾而立南安王余。

宋

魏

○注：余，世祖之子也。以愛爲大司馬。

○注：賀善贊曰：『太武即位，首立太師。道場繼詣道壇，受符籙。雖能汰沙門，廢佛寺，蓋好尚之異也。然書徵世胄遺逸，令公卿子弟入學，詔以經義決疑獄，亦駸駸乎變夏矣。至進至魯郡，以太牢祠孔子，《綱目》獨深子而特書之功業，不終惜哉。』

楊

異國

夏五月。

秋八月。

太子劭始興王濬巫蠱事覺，赦，不誅。○注：燕王旦謀反，赦，不誅。所以有元鳳之反，王氏五侯有罪，赦，不誅。所以有初始之篡。太子劭等巫蠱，赦，不誅。所以有末年之禍。《綱目》一以赦書之。所以著不斷之亂也。

吐谷渾慕利延卒，兄子拾寅嗣。

癸巳。

冬十月。

宋

宋元嘉三十年。

魏

魏興安二年。

宗愛弑其君余，魏主濬立討愛，誅之。復建佛圖，聽民出家，行玄始曆。○注：初，魏入中原，用景初曆（魏明帝濬年號。）世祖克沮渠氏，得趙敀玄始曆，時人以爲密，是歲始行之。

楊

異國

春正月。	二月。
以始興王濬爲荊州刺史。遣武陵王駿統諸軍，討西陽蠻。	太子劭弑其君義隆及其左衛，率袁淑僕射徐湛之，尚書江湛而自立，以何尚之爲司空。
	尊保太后爲皇太后。

三月。

夏四月。

宋

宋劭殺其吏部尚書王僧綽。江州刺史武陵王駿舉兵討劭，宋人立駿。五月劭及弟濬皆伏誅。復以何尚之爲尚書令。以南郡王義宣爲荊湘刺史。

魏

楊

異國

秋七月朔，日食。

甲午。

春正月。

宋主殺其弟南平王鑠。

宋世祖孝武帝駿孝建一年。○注：文帝第三子在位十一年，年三十五歲。立子子業爲太子。

魏興光一年。

	乙未。	二月。	夏，秋七月朔，日食。
宋	宋孝建二年。	江州刺史臧質以南郡王義宣舉兵反夏，宋主遣兵討質，誅之。	以朱修之爲荊州刺史，劉義宣伏誅。○注：修之入江陵，殺義宣，并誅其子十六人。
魏	魏太安一年。		
楊			
異國			

秋八月。	冬十月。	丙申。
宋主弒其弟武昌王渾。○注：渾年十七，作檄文，建號改元，與左右爲戲笑，則罪也而殺之，未免已甚。	裁損王侯制度。	宋孝建三年。
		魏太安二年。
	楊元和、楊頭，宋以爲將軍。○注：元和，保宗子也，頭乃元和之族父。	

御批：齊家乃平治之愿，太子爲國家之本，選建儲位，則其母必素拔刑之于化者矣。藉以養育青宮，裨益匪淺，稽諸往牒，如申生之母尚在，則驪姬之僭不行晉國

	宋	魏	楊	異國
春正月。		立貴人馮氏爲后。○注：遼西公朗之女也。		
二月。	以宗愨爲豫州刺史。	立子弘爲太子。○注：魏主立子以爲太子，生三年矣，依故事，賜其母李貴人死。		
秋七月。	以西陽王子尚爲揚州刺史。			
八月。		擊伊吾，克之。		
冬十月。	以江夏王義恭爲太宰。			

之家庭骨肉，豈至有慘禍耶？漢武帝欲立太子，先賜鉤弋夫人死。特有懲魚呂太后之故，而耄年計拙，遂至因噎廢食也。至北魏時竟相沿爲故事而踵行之，使其子得立而喪母，必將有大不忍，于其中者嗣服繼統之日，欲以

十二月。	丁酉。春正月。	夏六月。	秋八月。
光禄大夫顔延之卒。	宋大明一年。	以顔竣爲東揚州刺史。	以竟陵王誕爲南兗州刺史，劉延孫爲南徐州刺史。
	魏太安三年。以尉眷爲太尉，録尚書事。		

孝治天下，能無隱惘哉！夫漢武固雄材大略之主也，而舉動不常，流弊，以至於此，惜哉！

	戊戌。春二月。	夏六月。	秋八月。	冬十月。
宋	宋大明二年。	沙門曇標謀反，伏誅。	殺其中書令王僧達。	
魏	魏太安四年。以高允爲中書令。			魏主伐柔然，刻石紀攻而還。
楊				
異國				

己亥。夏四月。	五月。	秋七月。	九月。		庚子。
宋大明三年。竟陵王誕反，廣陵宋主遣兵討之。	殺東揚州刺史顏竣。	克廣陵劉誕，伏誅。	築上林苑。○注：本孫吴所創，宋重修之。		宋大明四年。
魏太安五年。					魏和平一年。

	宋		魏			楊	異國
春正月。	宋主耕藉田，三月后親蠶西郊，太后觀禮。						
夏六月。			伐吐谷渾。				
冬十月。	以顏師伯爲侍中。				柔然攻高昌，殺沮渠安周。○注：沮渠氏亡，以闞伯周爲高昌王，高昌稱王自此始。		柔然攻高昌，殺沮渠安周。
辛丑。	宋大明五年。		魏平和二年。				

春正月，雪。

夏。

秋九月朔，日食。

冬十月。

壬寅。

立明堂。海陵王休茂反襄陽，爲其下所殺。○注：休茂，宋主之弟。

以新安王子鸞爲南徐州刺史。○注：鸞，宋主之子。

宋大明六年。

魏和平三年。

	春正月。	夏六月。	冬十月。	癸卯。夏。
宋	始祀五帝于明堂。策孝秀于中堂。	淑儀殷氏卒。○注：子鸞之母也。	制沙門，致敬人主。	宋大明七年。制非臨軍，毋得專殺。非手詔，毋得興軍。
魏				魏和平四年。
楊				
異國				

六月。	冬十月。	十一月。	甲辰。夏閏五月。	秋七月。
大修宮室。	宋主校獵姑孰。	宋主習水軍于梁山。	宋大明八年。宋主駿殂，天子子業嗣。	以蔡興宗爲新昌太守，王玄謨爲
			魏和平五年。	
				柔然處羅可汗死，子受羅部真

	宋	魏	楊	異國
八月。	南徐州刺史。 太后王氏殂。○注：子業之母也。			可汗予成立。○注：改號永康。
乙巳。夏五月。	宋主子業景和一年。 明帝或泰始一年。	魏和平六年。魏主濬殂，太子弘嗣。		
秋七月。		魏乙渾自爲丞相。		
八月。	宋主殺其太宰、			

九月。

冬十月。

江夏王義恭、尚書令柳元景、僕射顏師伯。

宋主殺其弟新安王子鸞。義陽王昶出奔魏。

宋主殺其會稽太守孔靈符。○注：靈符所至有政績，以忤犯近臣。近臣僭之。子業遣使鞭殺，并其二子。

十一月。

宋	宋殺寧朔將軍何邁。○注：邁尚子業，姑新蔡長公主。子業納公主于後宫，謂之謝貴嬪，詐言主薨，殺宫婢還邁第，殯葬。邁素豪侈多養死士，謀廢子業，立晉安王子勛，事泄見殺。宋王幽其諸父湘東王彧等子殿内。
魏	
楊	
異國	

○注：以湘東王彧肥，謂之豬王，謂建安王休仁爲殺王，謂山陽王休祐爲賊王，東海王禕性劣，謂之驢王，以木槽盛食，裸彧内泥水中，使就槽食，前後欲殺以十數。宋江州刺史晉安王子勛舉兵尋陽。宋主殺南平王敬猷、廬陵王敬先，安南王敬淵。

		丙午。春正月。
宋	○注：子業詔諸王妃、列子，前疆左右淫辱之。南平王鑠妃不從，子業怒，鞭一百，殺其三子。宋弑其君，子業而立。湘東王彧	宋泰始二年。宋遣建安王休仁討江州晉安王子勛，遂稱帝。二徐司豫青冀湘廣梁益州皆應之。
魏		魏獻文帝弘天安一年。濬之子。
楊		
異國		

○注：子勛改元義嘉。宋兖州刺史殷孝祖帥兵赴建康。宋太后路氏殂。○注：太后孝武之母，宋主與孝武为異母弟。

	宋	魏	楊	異國
二月。	宋以蔡興宗爲僕射，褚淵爲吏部尚書。	魏丞相太原王乙渾謀反，伏誅，太后稱制。		
三月。	宋臺軍敗于赭圻，殷孝祖死，沈攸之代將擊尋陽軍，大破之。			
夏四月。	宋臺軍拔赭圻，進圍壽陽。			
秋七月。			楊僧嗣宋以爲	

	八月。	九月。	冬十月。
	宋臺軍克江州，殺子勛。		宋主殺其兄之子安陸王子綏等十三人。○注：世祖二十八子于此盡矣。
		魏立郡學。	
武都王。○注：初，武都王楊元和棄國奔魏，其從弟僧嗣代立。			

		丁未。春正月。
宋	宋立昱爲太子。○注：宋主無子，嘗以宮人陳氏賜嬖人李道兒，已復迎還，生昱。	宋泰始三年。宋以蔡興宗爲郢州刺史。宋以袁粲爲僕射。
魏		魏皇興一年。魏取宋淮北四州及豫州淮西地。魏東平王道符反長安，伏誅。
楊		
異國		

秋八月。	冬十月。	戊申。夏四月。
宋遣將軍蕭道成鎮淮陰。○注：道成，蘭陵人。	宋以金贖義陽王昶于魏。	宋泰始四年。宋減民田租之半。
魏作大像。○注：高四十三尺，用銅十萬斤，黄金六百斤。讖媚佛也。魏主始親政事。		魏皇興二年。魏以李惠爲征南大將軍。馮熙爲太傅。○注：惠，李夫人之父，熙馮太后之兄。

	秋七月。	己酉。春二月。	夏五月。
宋	宋以蕭道成爲南兗州刺史。	宋泰始五年。宋以太尉廬江王禕爲南豫州刺史。	
魏		魏皇興三年。	魏置僧祇佛圖户。○注：祇，字。下無一畫，音祈。
楊			
異國			

六月。

冬十月朔，日食。

宋主殺其兄盧江王褘。

魏立子弘爲太子。

十二月。

宋以桂陽王休範爲揚州刺史，宋臨海賊起。

○注：臨海田流，自稱東海王，剽掠海鹽，殺鄞令，東土大震。

庚戌。

宋泰始六年。

魏皇興四年。

	春正月。	夏六月。
宋	宋定南郊。○注：間二年一祭。明堂。○注：間一年一祭。歲祀。宋太子昱納妃江氏。	宋以王景文爲僕射、揚州刺史，以南兖州刺史蕭道成爲黄門侍郎，尋復本任。立總明觀。
魏	魏擊吐谷渾，敗之。	柔然侵魏，魏主自將擊敗之。魏殺其青州刺史慕容白曜。
楊		
異國		

辛亥。春二月。

夏五月。

宋討臨海賊，平之。

宋泰始七年。宋主殺其弟晉平王休祐，以巴陵王休若爲南徐州刺史。

宋主殺其弟建安王休仁。

魏皇興五年。○注：弘之子。

魏孝文帝宏延興一年。

		秋七月。
宋	宋以袁粲爲尚書令，褚淵爲僕射。	宋主殺其弟巴陵王休若，以桂陽王休範爲江州刺史。宋殺豫州督都吴喜，宋以蕭道成散騎常侍。
魏		
楊		
異國		

八月。魏主弘傳位于太子宏，自稱太上皇帝。

冬十月。宋作湘宮寺。

壬子。春二月。宋泰豫一年。宋殺其揚州刺史江安侯王景文。○注：景文，王后兄也，旨賜死。景文方與客棋，叩函看敕已，復置局下，神色不變，局竟，徐告客曰：『奉敕當死。』

魏延興二年。宋蠻酋桓誕以沔北降魏。○注：大陽蠻酋桓誕擁沔北八萬于落降魏，自桓立之，魏以爲東荆州刺史。柔然侵魏，魏擊走之。

作墨啟謝，飲藥卒，惜哉！若畀景文以託孤之任，豈不愈于道成，疑而殺之，何哉！

夏四月。

宋王昱卒，太子昱嗣，宋以安城王準爲揚州刺史。○注：準實桂陽王休範之子，而太宗以爲己子。

宋

魏

楊

異國

秋七月。	八月。	癸丑。春一月。
宋以沈攸之都督荆襄八州軍事。	宋中書監樂安公蔡興宗卒。○注：謚曰宣穆。	宋主昱元徽一年。宋以晉熙王燮爲郢州刺史。○注：燮，宋主之弟也。
		魏延興三年。吐谷渾侵魏，魏遣兵擊降之。魏以孔乘爲崇聖大夫。○注：孔子二十八世孫。

	冬十月。	十二月朔，日食。	甲寅。夏五月。
宋			宋元徽二年。宋桂陽王休範舉兵反，攻建康。右衛將軍蕭道成擊斬之。
魏		魏州鎮十一水旱。	魏延興四年。
楊	武都王僧嗣卒，弟文度嗣，降于魏。		
異國		柔然侵魏。	

六月。

宋以蕭道成爲中領軍。

魏罷門房之誅。○注：門房之誅，謂一人爲惡，殃及闔門。

秋七月。

柔然侵魏敦煌。

九月。

宋以袁粲爲中書監領司徒，褚淵爲尚書令，劉秉爲丹陽尹。

冬十一月。

宋主冠。

魏建安王陸馛卒。○注：謚曰貞。

	乙卯。春三月。	夏六月。	丙辰。夏六月。
宋	宋元徽三年。宋以張敬兒督都雍梁州軍事。	宋建平王景素有罪，奪官。	宋元徽四年。宋加蕭道成左僕射。
魏	魏延興五年。		魏承明一年。魏太后馮氏弑其主弘，復稱制。
楊			
異國			

	秋七月。	丁巳。春二月。
劉秉中書令。	宋建平王景素起兵京口，不克而死。○注：昱立三年，昏狂益甚，景素起兵，亦不得已耳。	宋元徽五年。
		顺帝準昇明一年。
		魏太和一年。魏以東陽王丕爲司徒。

	秋七月。	九月。
宋	宋中書領軍蕭道成弒其主昱而立，安成王準自爲司空，録尚書事。	宋封楊玉夫等二十五爵，有差。○注：玉夫等行弒者也，行弒者而顯封之，至二十五人，天理滅矣。
魏		
楊		
異國		

冬十月。	十一月。
	宋荊湘督都沈攸之舉兵江陵，討蕭道成，宋中書監袁粲、尚書令劉秉謀誅蕭道成，不克而死，宋蕭道成假黃鉞出頓新亭。
魏殺其徐州刺史李訢。	魏拔盧葭，斬楊文度，以其弟文弘爲武都王。
武都王楊文度襲魏仇池，陷之。	魏殺楊文度，以其弟文弘爲武都王。

	戊午。春正月。	夏四月。	五月。
宋	宋昇明二年。宋沈攸之軍潰走死，蕭道成自爲太尉，督都十六州軍事。	宋蕭道成殺南兗州刺史黃回。	
魏	魏太和二年。		魏禁宗戚士族與非類昏偶，以違制論。
楊			
異國			

秋八月。

九月朔，日食。

冬十月。

宋以蕭賾爲領軍，以將軍蕭嶷爲江州刺史。	宋蕭道成自爲太傅、揚州牧，加殊禮。	宋以蕭映爲南兗州刺史，蕭荒爲豫州刺史。

	十二月。	己未。○注：是歲，宋亡齊代。
宋 齊		宋昇明二年。齊高帝蕭道成一年。○注：蘭陵人蕭何二十四世孫，都建康，傳七主，歷二十四年。高帝在位四年，壽五十五。
魏	魏太后殺其青州刺史南郡王李惠。惠，李夫人之父。○注：魏以高允爲中書監。	魏太和三年。
楊		
異國		

春正月。

三月朔，日食。

宋以蕭嶷爲荊州刺史，以蕭賾爲僕射。

宋蕭道自爲相國，封齊公，加九錫。○注：以十郡爲齊國，官爵禮儀并倣天朝。齊公道成殺臨川王綽。○注：綽，義慶之子也。

	夏四月。
宋 齊	齊以王儉爲僕射。 ○注：是時道成猶爲宋臣，而《綱目》不繫之宋者，著其權勢之盛已，非宋之所得而臣也。夫以曹馬之簒猶遲之。歷年之久，劉裕代晉，亦必南征北伐，有功而後取，今道成直以乘時攘竊，近在旦夕之間，其視曹馬輩亦不及矣。
齊公道成自進爵爲王。	
魏	
楊	
異國	

齊王道成殺宋武陵王贊。齊王道成稱皇帝，廢宋主爲汝陰王，徙之丹陽，以褚淵爲司空。○注：淵以前朝顧命大臣躬受託孤之任，既而道成弑逆，不能爲國捐軀，乃靦然無恥，手持璽綬，勸進齊宮，篡事既成，躬荷上宮之寵，拜伏于篡君之前，使淵稍有人心，則宜于此焉變矣。《綱目》以爲司空，大書于篡國之下，所以深誅之也。

宋齊	齊主以其子爲揚州刺史。齊褚淵、王儉等進爵，有差。○注：處士何點戲謂人曰：『我作齊書已竟。』其贊曰：淵既士族，儉亦國華。不賴舅氏，遑恤國家。點，尚之之孫也，淵、儉母皆宋公主，故點云然。
魏	
楊	
異國	

五月。

齊主

道成殺汝陰王，滅其族。

方漢之衰也，魏得之。魏之衰也，晉得之。晉衰而宋得，宋衰而齊得。漢之山陽，魏之陳留，猶得終其天年。宋于零陵，直殺之而已。然猶有遺種焉。至于齊，乃掩汝陰之族類而滅之。嗚呼！漢得天下以善，人亦報之以善，故獻帝雖廢，猶得善終。晉則弑君矣，故其後人也，人亦弑之。然彼猶善待其所禪之人也。至于宋，則既受其禪，又弑其人，此其所以得族滅之報也。然未幾，西昌勦絶，道成之種亦無復孑遺者，是豈無天道耶？噫可畏也。

齊立

世子賾爲太子，諸子皆封王。

	秋九月。	冬十月。	庚申。春二月。
齊		齊以王玄邈爲梁州刺史。	齊建元二年。齊以蕭鸞爲郢州刺史。
魏	魏隴西王源賀卒。	魏以梁郡王嘉奉、丹陽王劉昶以伐齊。契丹來附。	魏太和四年。
楊			
異國		契丹入附于魏。○注：契丹莫賀弗勿干帥部落萬餘口入附于魏，居白狼水東。	

夏五月。

秋九月朔，日食。

冬十月。

十一月。

十二月。

〇注：鸞，齊主兄道生之子，早孤，齊主養之，恩過諸子。	齊立建康都墻。	齊以何戢爲吏部尚書。		齊以褚淵爲司徒。
				魏封尚書令
			楊後起，齊以爲武都王。〇注：後起，難當之孫也。	

	辛酉。	辛酉。春二月。
齊	〇注：淵入朝以腰扇障日征虜，功曹劉祥曰：『如此舉止，羞面見人，扇障何益。』淵曰：『寒士不遜。』祥曰：『不能殺袁，劉安得免寒士。』	齊建元三年。齊敗魏師于淮陽。
魏	王叡爲中山王。	魏太和五年。魏沙門法秀作亂，伏誅。〇注：前宋殺們曇標作亂矣，于是再見，可以爲好異端者之戒也。
楊		
異國		

夏五月。

秋七月朔，日食。

九月。

壬戌。

春三月。

齊建元四年。齊王蕭道成卒殂，太子賾立。○注：齊王召褚淵、王儉等受遺詔輔太子而殂，太子即位。高帝沈深有大量，博學而能文，性清儉，嘗曰：『使我治天下十年，當使黃金與土同價。』

魏尚書令王叡卒。

魏太和六年。

吐谷渾王拾寅卒，子度易侯嗣。

賀善贊曰：『齊主之初，大書拜官，不問有功也。惟擊斬休範一事，《綱目》以擊書之，亦未嘗予以義討也。齊氏之初，既非宋比矣。弑立之后，一書討蕭道成，一書誅蕭道成。四書自官書假黄鉞書進爵，亦皆自假自進而已。其篡位也，書歸、書廢、書徙、書弑至書滅其族，則又宋人之所未有者。是故魏加兵江左，未嘗書伐于齊，特書爲伐焉。《綱目》之意可見矣。』

齊	齊以褚淵録尚書事，王儉爲尚書令，王奂爲僕射，豫章王嶷爲太尉。
魏	
楊	
異國	

夏六月。

秋。

齊立子長懋爲太子。

南康公褚淵卒。○注：晁説之曰：『自古及未有比肩大臣。一旦北面而稱翊贊，佐命以本朝輸人者，有之自淵始。淵死時年四十八歲，齊王受禪，至是纔三年，爾僅苟三年之生，乃遺萬年之臭，較其所得失，孰爲多哉？』

齊罷國子學。○注：以國喪故也。

魏以李崇爲荆州刺史。○注：崇至荊州，民夷帖然。無復烽燧之患。徙兗州刺史。兗土舊多劫盜，崇命村置一樓，樓皆懸鼓，盜發之處，亂擊之，旁村始聞者，以一擊爲節，次二、次三，俄頃之間，聲布百里。皆發人守險，由是盜無不獲。其後諸州皆效之。

齊　魏　楊　異國

冬十一月。

魏主始親祀七廟。

癸亥。夏四月。

齊武帝賾永明一年。齊殺其尚書垣崇祖、散騎常侍荀伯玉。

魏太和七年。

閏月。

魏子恂生。○注：后宮林氏生子恂，馮太后養爲太子，賜林氏死。

五月。秋七月。冬十月，熒惑逆行入太微。十二月朔，日食。			甲子。
齊殺其車騎將軍張敬兒。	齊以王僧虔爲特進光禄大夫。		齊永明二年。
		魏始禁同姓爲昏。	魏太和八年。

	春正月。	冬十月。	春正月。
齊	齊以竟陵王子良爲司徒。○注：子良，齊王之少子也。少有清尚，傾意賓客，范雲、蕭琛、任昉、王融、蕭琰、謝朓、沈約、陸倕并以文學見親，號曰八友。柳惲、王僧孺、江革、范縝、孔休源亦預焉。	齊以長沙王晃爲中書監。	齊以始興王鑑爲益州刺史。
魏			
楊			
異國		高麗王璉入貢于魏，亦入貢于齊。	

	乙丑。春正月。	三月。	夏五月。
齊封豫章王嶷四千户。	齊永明二年。詔復立國學。		齊王以王儉領國子祭酒。
	魏太和九年。魏禁讖緯巫卜。	魏封諸弟皆爲王。	

	秋七月。	冬十月。
齊		
魏	魏以梁彌承爲宕昌王。○注：初，宕昌王梁彌機死，子梁彌博立，爲吐谷渾所逼，奔仇池，魏仇池鎮將慕亮以彌承爲衆所附，擊走吐谷渾，立之而還。	魏詔均田。○注：書均田始此。魏以任城王澄督都涼益荊州軍事。
楊		
異國		柔然部真可汗死，子伏名敦可汗豆崙嗣。

丙寅。春正月，朔。	秋九月。
齊永明四年。	齊王以王儉領國子祭酒。
魏太和十年。魏主朝會，始服袞冕。魏置三長，定民户籍。	魏作明堂辟雍。魏改中書學爲國子學。分置州郡。○注：凡三十八州，二十五在河南，十三在河北。
武都王楊侯起卒，種人集始嗣。	

	丁卯。春正月。	秋七月。	八月。
齊	齊永明五年。		
魏	魏太和十一年。魏定樂章。○注：凡非雅樂者，除之。魏咸陽公高允卒。	魏大旱，詔有司賑貸。	
楊			
異國			柔然侵魏，魏擊敗之。高車阿伏至羅自立爲王。

九月。		戊辰。春正月。	冬十月。
		齊永明六年。	齊始讀時旱令，干太極殿。
	魏出宮人罷末作。	魏太和十二年。魏詔犯死刑而親老、無他子旁親者以聞。	魏主訪群臣言事。
○注：初，高車阿伏至羅役屬柔然，伏名敦侵魏，阿伏至羅諫不聽，怒，與從弟窮奇衰部落西走，自立爲王。			

		己巳。春正月。	夏五月。
齊	齊詔羅買穀帛。齊吴興饑。	齊永明七年。齊以王晏爲吏部尚書。	齊南昌公王儉卒。
魏		魏太和十三年。魏主祀南郊，始備大駕。	魏汝陰王、天賜南安王楨有罪，免死奪爵。○注：二王，景穆皇帝之子。
楊			
異國			

冬十二月。	庚午。秋七月。	九月。
齊以張緒領揚州中正，江敩爲都官尚書。	齊永明八年。齊以蕭緬爲雍州刺史。齊巴東王子響有罪，伏誅。○注：子響，齊王之子也。	
	魏太和十四年。	魏太后馮氏殂。葬永固陵。

	辛未。春正月。	三月。
齊	齊永明九年。齊太廟加薦褻味，別祀于清溪。故祀。○注：譏非古也。	
魏	魏太和十五年。魏主始聽政。	魏主謁永固陵。魏自正月不雨，至于夏四月。魏作明堂、太廟。
楊		
異國		

夏五月。			魏主親決疑獄。				
秋七月。			魏定廟祧之制。				
八月。			魏正祀典。				
冬十月。			魏主謁永固陵。十一月，魏主禫祭，遂祀圜丘、明堂，饗群臣，遷神主于新廟。				
十二月。			魏主始迎春于東郊。				高麗王璉卒，孫雲嗣。

齊

魏

魏以咸陽王禧爲司州牧。魏以宦者符承祖爲悖義將軍，封佞濁子。〇注：初，魏太后寵任承祖，賜以不死之詔。太后卒，承祖坐贓應死。魏主原之，故有是命。魏封舅李安祖等四人爲侯。〇注：李惠之子也，因誅惠而逃匿，遇赦乃出，魏主皆封爲侯。

楊

異國

〇注：璉卒，魏主爲之制素委貌，布深衣，舉哀于東郊。

壬申。春。

夏四月。

齊永明十年。	齊大司馬太傅、豫章王嶷卒。齊以竟陵王子良爲揚州刺史。
魏太和十六年。魏主始祀明堂。魏主初朝日于東郊，魏修堯舜禹周公孔子之祀。	

	秋七月。	八月。	九月。	冬。
齊				齊詔太子家令沈約撰宋書。
魏	吐谷渾遣子來朝。	魏主養老于明堂。	魏主謁永固陵。	魏南陽公鄭羲卒。
楊				
異國	吐谷渾遣子入侍于魏。	魏敗柔然于大磧。柔然殺伏明敦可汗。		

癸酉。春正月。	二月。	夏四月。	五月。
齊永明十一年。齊太子長懋卒。○注：太子嘗惡蕭鸞，及鸞即位，太子子孫無遺焉。		齊主立其孫昭業爲太孫。	
魏太和十七年。	魏主始耕藉田。		魏主親録囚徒。

		秋七月。	九月。
齊		齊主賾殂，太子昭業立，以竟陵王子良爲太傅，蕭鸞爲尚書令。	
魏	○注：親決疑獄，親録囚徒，可謂恤刑矣。	魏立子恂爲太子。魏詔大舉伐齊。魏山陽公尉元卒。魏主發平城。	魏主尊其父爲文帝。○注：廟號世祖。
楊			
異國			

冬十月。	甲戌。春正月。
	齊主昭業隆昌一年。昭文延興一年。高宗明帝鸞建武一年。齊以隨王子隆爲撫軍將軍。○注：太祖之子。
魏營洛都，魏以三肅爲輔國將軍。○注：時魏主方議禮樂，變華風，幾威儀，文物皆肅所定。	魏太和十八年。魏主南巡，祭比干墓。

三月。

夏四月。

五月朔，日食。

秋七月。

齊

齊竟陵王子良以憂卒。

其君昭業而立新安王昭文，自爲驃騎大將軍，録尚書事，封宣城公。齊以始安王遥光爲南郡太守。

魏

魏主還平城。

魏以宋王劉昶督都楚越吴諸軍事，鎮彭城。魏安定王休卒。

楊

異國

九月。	冬十月。
齊宣城公鸞殺鄱陽王鏘等七人。	齊宣城公鸞自爲太傅、揚州牧，進爵爲王。齊宣城王殺衡陽王鈞等四人。齊宣城王鸞廢其主昭文爲海陵王而自立。
魏主考績，黜陟百官。	魏主發平城。○注：奉遷神主于洛陽，遂發平城。

	十一月。	十二月。
齊	齊以始安王遙光爲揚州刺史，聞喜公遙欣爲荊州刺史。齊立子寶卷爲太子齊主鸞弒海陵王。	
魏	魏主至洛陽。魏主置牧場于河陽。	魏禁胡服。○注：欲變舊風也。魏主自將伐齊。
楊		
異國		

乙亥。春二月。

夏四月。

齊建武二年。

魏太和十九年。魏主攻鍾離，不克，遣使臨江數齊王之罪而還。魏太史馮熙卒。

魏主如魯城，祀孔子。封其後爲崇聖侯。

	五月。	六月。	秋八月。
齊		齊殺其領軍蕭諶及西陽王子明等。	
魏	魏廣川王諧卒。魏主至洛陽。	魏禁胡語，求遺書，法度量。	魏置羽林虎賁。○注：凡十五萬人。魏立國子太學四門小學。
楊			
異國			

	九月。	冬十月。	十一月。	十二月。
				齊修晉諸陵，增置守衛。
	魏六宮及文武遷于洛陽。魏以高陽王雍爲相州刺史。	魏詔州牧，考其官屬得失品第以聞。	魏主祀圜丘。	魏班品令，賜冠服。

		丙子。春正月。	二月。	三月。
齊	○注：亦鸞之小善也。	齊建武三年。		齊詔去乘輿金銀飾。
魏		魏太和十二年。魏改姓元氏，初定族姓。	魏詔群臣，聽終三年喪。	魏宴群臣及國老庶老于華林園。
楊				
異國				

	夏五月。	秋七月。	八月。	冬十月。
魏詔漢魏晉諸陵，皆晉樵蘇。	魏主祭方澤。	魏主廢其后馮氏。○注：馮熙少女。	魏太子恂有罪，廢爲庶人。	魏置常平倉。

	丁丑。春正月。	二月。	三月。
齊	齊建武四年。齊殺其尚書令王晏，以徐孝嗣爲尚書令。		
魏	魏太和二十一年。魏立子恪爲太子。○注：恪母高氏。	魏主如平城，慕泰陸叡伏誅，新興丕公以罪免死爲民。	魏主殺其故太子恂。
楊			
異國			

秋七月。

魏宋王劉昶卒。魏主還洛陽。

魏立昭儀馮氏爲后。○注：初馮熙長女入掖庭得幸，未幾，有疾還家爲尼，魏主又納熙少女爲后。姊愈思之，復迎入宮，拜左昭儀，至是立爲后。

八月。

魏主自將伐齊。

冬十一月。

魏主圍新野，遂敗齊師于沔北。

	十二月。	戊寅。春正月。
齊		齊永泰一年。齊主殺其河東王鉉等十人。○注：十是太祖世祖及世宗諸子，皆盡矣。
魏		魏太和二十二年。魏拔新野，齊沔北守將棄城走。
楊		
異國	高昌弒其君馬儒，立麴嘉爲王，復臣于柔然。	

二月。	三月。	夏四月。
		齊大司馬王敬則反會稽，至曲阿敗死。
魏人克宛，三月敗齊兵于鄧城。	魏中尉李彪免。僕射李沖卒。魏以彭城王勰爲宗師。○注：督察宗室不率教者。	

	秋七月。	己卯。春正月。
齊	齊以蕭衍爲雍州刺史。○注：南蘭陵人。齊王鸞殂，太子寶卷立。	齊主寶卷永元一年。○注：明帝子在位三年。
魏	魏省宮掖費用以給軍賞。	魏太和二十三年。魏主還洛陽。魏后馮氏有罪，退處後宮。魏以彭城王勰爲司徒。
楊		
異國		

二月。

夏四月。

齊師取魏馬圈南鄉，魏主自將禦之，齊師敗績。

魏主宏殂于穀塘原，后馮氏伏誅，太子恪立。

○注：孝文帝之賢主所失者，用兵不息爾。馬圈之陷，豈無將臣可遣？而必親行耶。不終于正寢而終于穀塘原，亦可惜也。

		秋八月。
齊		齊主殺其僕射江祏、侍中江祀。安王遥光起兵東城，右將軍蕭坦之討平之。
魏	魏以彭城王勰爲驃騎大將軍，督都冀定七州軍事，魏主追尊其母高氏爲后。	
楊		
異國		

閏月。	九月。	冬十月。
齊主殺其僕射蕭坦之，領軍劉暄。		齊主殺其司空徐孝嗣、將軍沈文季。
	魏主謁長陵。○注：文帝陵也。	

	十二月。	庚辰。春正月。	夏四月。
齊	齊太尉陳顯達舉兵襲建康，敗死。	齊永元二年。齊豫州刺史裴叔業以壽陽叛，降于魏。	齊將軍崔慧景奉江夏王寶玄
魏		魏宣武帝元恪景明一年。〇注：孝文帝弘之子。	
楊			
異國			

秋八月。

逼建康，兵敗皆死。齊以蕭懿爲尚書令。

齊後宮火。

冬十月。

齊主殺其尚書令蕭懿。

魏以彭城王勰爲司徒，録尚書事。

十一月。

齊雍州刺史蕭衍起兵襄陽，行荊州事。

	十二月。	辛巳。春正月。
齊	蕭穎胄亦以南康王寶融起兵江陵。	齊永元三年。和帝寶融中興一年。齊南康王寶融稱相國，蕭衍發襄陽。〇注：南康王稱相國，以衍爲征東將軍。
魏		魏景明二年。魏彭城王勰歸第，以咸陽王禧爲太保，北海王詳爲大將軍，録尚書事，于烈爲領軍。
楊		
異國		

二月。	齊蕭衍圍郢城。						
三月。	齊相國南康王寶融廢其君寶卷爲涪陵王而自立。						
夏五月。			魏咸陽王禧謀反，伏誅。				
秋七月。	齊雍州刺史張欣泰謀立建安王寶寅，不克而死。		魏揚州刺史安國侯王肅卒。○注：謚曰宣簡。				

	齊		魏			楊	異國
八月。	齊蕭衍克尋陽。						
九月。	齊蕭衍引兵東下。		魏立后于氏。〇注：于烈弟勁之女也。				
冬十月。	齊蕭衍圍建康。						
十一月。	齊巴東公蕭穎胄卒。		魏以北海王詳爲司徒。				
十二月。	齊人弑涪陵王寶卷，蕭衍入建康。以太后令						

壬午。○注：是歲，齊亡梁代。

追廢寶卷爲東昏侯。自爲大司馬，承制入鎮殿中。

案：江左列國嗣子昏狂如宋之義符、子業，及是齊之昭業、寶卷，其罪、其惡無復人理，烏有爲萬物之靈，具五常之性而所爲狂悖一至於此者。然返其初而求之，劉裕戕滅晉室，武陵縱欲殺戮，湘東絶滅支庶，至于道成父子之屠戮劉氏而宣城之所以剿滅高武而無遺育者，其不善之積先後如出一轍，是天理之昭昭如彼夫，豈有毫釐之爽哉！

齊中興二年。梁武帝蕭衍天監一年。○注：梁蕭姓齊之疏屬仕齊封，梁王篡齊國，號梁，都建康，傳四主，歷五十六年。

魏景明三年。

	春正月。	二月。
齊 梁	武帝在位四十八年，壽八十六歲。 齊大司馬衍迎宣德太后入宮稱制。	衍自爲相國，封梁公，加九錫。梁公衍殺齊湘東王寶晊。
魏		
楊		
異國		

三月。

梁以沈約爲僕射，范雲爲侍中，梁公衍自進爵爲王。

梁王衍殺齊邵陵王寶攸等三人。鄱陽王寶寅出奔魏。齊主廢江陵，以蕭憺督都荊湘六州軍事。

夏四月。

齊梁

梁主衍稱皇帝，廢齊主爲巴陵王，遷太后于別宫。○注：齊主至姑孰下詔禪位于梁。四月，宣德太后遣尚書令王亮等奉璽綬詣梁宫。梁王即位于南郊，奉和帝爲巴陵王，宫于姑孰，奉宣德太后爲齊文帝妃。

梁主衍弑巴陵王于姑孰。

魏

楊

異國

齊御史中丞顔見遠死之。梁以蕭寶義爲巴陵王。○注：寶義幼有廢疾，不能言，故獨得免。梁徵謝朏、何胤、何點不至。梁置謗木肺石函。○注：若肉食莫言，欲有横議，投謗木函，若有功勞，才器冤沈莫達者，投肺石函。

	冬十一月。	癸未。春正月。	夏四月。
梁	梁立子統爲太子。○注：統生五歲能遍誦五經。	梁天監二年。梁以沈約、范雲爲左右僕射，尚書令王亮廢爲庶人。	
魏		魏景明四年。	魏以蕭寶寅爲齊王。
楊			
異國			

	五月。	六月。	秋七月。
	梁僕射范雲卒，以左丞徐勉將軍、周捨同參國政。	梁以謝朏爲司徒。	
○注：寶寅伏于魏闕之下，請兵伐梁，雖暴風大雨，終不暫移，魏以爲揚州刺史，丹陽公。		魏發兵伐梁。	魏以彭城王勰爲太師。

	冬。	甲申。夏五月。	秋八月。
梁	梁馮翊吉翂請代父死，梁主赦之。	梁天監三年。	
魏		魏正始一年。魏司徒王詳有罪，幽死。	魏督都元英攻梁義陽，拔數城，義陽降，以元英爲中山王。
楊			
異國			

九月。	冬十一月。	乙酉。春正月。	夏六月。
	梁除贖刑法。	梁天監四年。梁置五經博士，立州郡學。	梁初立孔子廟。○注：宋嘗修孔子廟矣。于是淮南皆爲魏境，孔廟隔絶，梁主始創立之，可謂知所尊矣。
梁築九城于北邊。	魏營國學。	魏正始二年。	

	秋七月。	冬十月。
梁		梁遣臨川王宏、僕射柳惔帥師伐魏，次于洛口。
魏	魏統軍王足攻涪城，八月，大敗梁軍，殺梁將軍魯方達等三十九人。魏有芝生于太極殿。	
楊		武興氏楊紹先叛魏。○注：楊集起、集義立紹先爲帝。
異國		

十一月。

丙戌。春二月。三月朔，日食。夏四月。

梁大有年。○注：自漢平帝永平九年書大有至是，四百四十年再見。	梁天監五年。	
魏王足奔梁。	魏正始三年。魏求直言。	魏遣中山王英督諸軍以拒梁師，五月，梁取宿豫、梁城、小峴、合肥等城。

	梁	魏	楊	異國
秋九月。		魏遣將軍刑巒擊梁師，敗之，復取宿豫梁，蕭宏逃歸。		
冬十月。		魏徵邢巒，還遣齊王蕭寶寅與元英圍鐘離。		柔然庫者可汗死，子佗汗可汗伏圖嗣。○注：改號始平。
丁亥。春三月。	梁天監六年。梁將軍曹景宗、豫州。	魏正始四年。		

夏六月。

秋八月。

冬十月。

刺史韋叡，大敗魏師于鐘離。

梁馮翊等七郡叛降魏。

梁以徐勉爲吏部尚書。

魏中山王英、齊王蕭寶寅以罪除名。魏以李崇爲揚州刺史。

	閏月。	戊子。春二月。
梁	梁以臨川王宏爲司徒，沈約爲尚書令，袁昂爲僕射。	梁天監七年。梁以領軍蕭昺爲雍州刺史。
魏	魏尚書令高肇弒其主之后于氏及其子昌。○注：高貴嬪有寵而妬，高肇勢傾中外，于后暴殂，其子昌亦尋卒，人皆咎高氏。	魏永平一年。
楊		
異國		

夏五月。	秋七月。	八月。	九月。
梁以安成王秀爲荊州刺史。	梁右將軍竟陵公曹景宗卒。		
	魏立貴嬪高氏爲后。	魏京兆王愉反信都，遣尚書李平討之。	魏主殺其叔父彭城王勰。○注：肇誣之也。魏李平克信都。

	冬十月。		己丑。春正月。
梁			梁天監八年。梁主祀南郊。
魏	執元愉，高肇陰殺之，奏除平名。		魏永平二年。魏復取三關。
楊			
異國		高車敗柔然，殺佗汗可汗，其子豆羅伏拔豆伐可汗醜奴嗣。〇注：改號建昌。	

冬十一月。

梁主遣使求成于魏，魏主不肯。

○注：三關者，何平、靖武、陽廣峴也。皆在信陽界，南北朝分疆之要害也。

魏主親講佛書，作永明閑居寺。○注：時佛教盛于洛陽，沙門自西域者，三千餘人，魏主別爲之立永明寺千餘間以處之，又使處士馮亮擇嵩山形勝之地，立閑居寺極巖壑土木之美，由是遠近莫不承風事佛，比及延昌州郡共有一萬三千餘寺。延昌宣武帝年號。

	庚寅。春正月。	三月。	夏四月。	冬十月。
梁	梁天監九年。梁以沈約爲光禄大夫。	梁主視學。	梁制尚書令史初用士流。	
魏	魏永平三年。	魏主之子詡生。		魏中山王英卒。
楊				
異國				

辛卯。冬十二月。	壬辰。春正月。	冬十月。
梁天監十年。	梁天監十一年。梁免老少質作。	
魏永平四年。魏以甄琛爲河南尹。	魏延昌一年。魏以高肇爲司徒，清河王懌爲司空。	魏立子翊爲太子。

	十一月。	癸巳。春閏二月。	夏五月。
	梁五禮成行之。○注：自齊世祖選學士十人，修五禮，至是多年矣。所歷者非一人矣。亦庶乎。非苟作者，凡書成者久辭也。	梁天監十二年。魏梁侍中沈約卒。	
魏		魏延昌二年。	魏壽陽大水。○注：雨水入城，廬舍皆没。城不没者三版。
楊			
異國			

六月。

秋八月。

梁新作太廟。

魏桓肆二州地震山鳴。○注：踰年不已，民覆壓死傷甚衆終《綱目》，地震一百一，未有久于此者，山鳴始此。此魏氏亂亡之兆也，他日爾覆國亦始于恒肆二州。魏以崔光爲太子少傅。

	甲午。春二月。冬十一月。	乙未。春正月。
梁	梁天監十三年。梁主耕藉田。梁築淮堰。	梁天監十四年。
魏	魏延昌三年。	魏延昌四年。魏主恪殂，太子詡立。魏以太保高陽王雍尚書令任城王澄同總國事。
楊		
異國		

二月。

魏司徒高肇伏誅。魏以高陽王雍爲太尉，清河王懌爲司徒，廣平王懷爲司空。魏尊貴嬪胡氏爲太妃，廢其太后高氏爲尼。

	夏四月。	六月。	秋八月。
梁	梁淮堰潰，復築之。		
魏		魏冀州沙門作亂，詔元遙討平之。○注：法慶以妖幻惑衆作亂，自號大乘，又合狂藥令人服之，父兄子弟不復相識，唯以殺害爲事。	魏侍中于忠殺僕射郭祚，尚書裴植免太
楊			
異國			

保高陽王雍遺就第，魏尊太妃胡氏爲太后。魏以清河王懌爲太尉，廣平王懷爲司徒，任城王澄爲司空，于忠爲尚書令。元乂爲散騎侍郎，乂妻胡氏爲女侍中。○注：乂江陽王繼之子，其妻太后妹也。

	九月。	冬十月。
梁		
魏	魏太后稱制，以忠于爲冀州刺史、司空澄領尚書令，魏以胡國珍爲中書監。	魏奪常山公于忠博平公崔光爵。
楊		
異國		

十二月。	丙申。春三月朔，日食。夏四月。
梁大寒，淮泗皆冰。〇注：浮山堰士卒死者十七八。	梁天監十五年。梁懷堰成。
魏以高陽王雍爲太師，録尚書事。魏太后攝行祭事。	魏肅宗孝明帝詡熙平一年。〇注：宣武帝子。魏復封于忠爲靈壽公，崔光爲平恩侯。

秋九月。

冬。

梁	梁淮堰壞。○注：梁主崇尚浮屠，好生惡殺，然以一淮堰之故，士卒死者不可勝數。今又漂没十餘萬口，原其本意不過欲灌壽陽城耳。害未及魏而先自敗，惜哉！	
魏		魏作永寧寺。○注：胡太后作永寧寺于宫側，又作石窟寺于伊闕口，皆極土木之美，爲九層浮屠，高九十丈，刹高十丈，塔廟之盛未之有也。
楊		
異國		柔然大破高車，殺其王彌俄突。

丁酉。春三月。	夏四月。	戊戌。
梁天監十六年。梁詔文錦不得爲人壽之形。	梁罷宗廟牲牢薦以蔬果。○注：乃是不復血食之兆也。	梁天監十七年。
魏熙平二年。魏司徒廣平王懷卒，以胡國珍爲司徒。		魏神龜一年。

	春二月。	夏四月。	五月。
梁	梁安成王秀卒。		
魏		魏司徒胡國珍卒，追號泰上秦公。○注：太上之號，豈人臣所宜乎？魏主始月一視朝。	魏補三字石經。○注：初，洛陽有漢所立三字石經。屢經喪亂，初無損失，及魏馮熙常伯夫爲洛州，毀以建浮屠，遂大頹落，崔光請補之，因元乂、劉騰亂事遂寢。
楊			
異國			

己亥。	秋九月。
梁天監十八年。	
魏神龜二年。	魏太后胡氏弑其故太后高氏，魏遣使如西域求佛書。○注：使宋雲與比丘慧生至乾羅國，得佛書一百七十部而還。

	梁	魏	楊	異國
春正月。	梁以袁昂爲尚書令，王暕、徐勉爲僕射。	魏太后始稱詔。		
二月。		魏以崔亮爲吏部尚書，立停年格。○注：選舉失人，自亮始也。後世資格用人本此。		
秋九月。		魏太后遊嵩高。		

冬十二月。	庚子。春正月，日食。	秋七月。
	梁普通一年。高麗來賀。	梁江淮海溢。梁車騎將軍永昌侯韋叡卒。
魏司徒任城王澄卒。○注：謚曰文宣。	魏正光一年。	魏侍中元乂殺太傅，清河王懌幽太后于北宫。魏中山王熙起兵討元乂不克而死。
高麗王雲卒，子安嗣。	高麗入貢于梁。	柔然殺伏跋可汗，其弟阿那環立尋出奔，魏國人立婆羅門爲可汗。

		冬十月。	十一月。	辛丑。
梁				梁普通二年。
魏	弟略奔梁，梁以爲中山王。魏以高陽王雍爲雍爲丞相。	魏以汝南王悅爲太尉。	魏以京兆王繼爲司徒。	魏正光二年。
楊				
異國			魏立阿那環爲蠕蠕王。	

春正月。	三月。	秋七月。
梁置孤獨園。○注：以牧養窮民也。		
魏發兵納阿那環于柔然不克。	魏元乂殺將軍奚康生，以宦者劉騰爲司空，京兆王繼爲太保，崔光爲司徒。	
魏納阿那環于柔然不克。		高車擊柔然，柔然可汗婆羅門降魏。

	冬十月。	壬寅。夏四月，五月朔，日食既。 冬十一月。
梁		梁普通三年。 梁西豐侯正德奔魏，既而逃歸。○注：初梁主養臨川王宏之子正德爲子。及太子統生，
魏		魏正光三年。
楊		
異國	魏分柔然爲二國，以處阿那環婆羅門。	高車王帝越居弑其王伊匐而自立。 柔然王婆羅門叛魏，魏討而執之。

	癸卯。春二月。	三月。	夏四月。
正德還本，賜爵西豊侯，常怏怏蓄異謀，至是奔魏，復逃歸梁，主泣而悔之。	梁普通四年。		
	魏正光四年。	魏司空劉騰卒。	魏沃野鎮民破六韓拔陵反，陷武川懷朔鎮。
	柔然大饑，魏遣使撫之。		柔然王阿那環執魏使者犯魏邊。

	冬。十一月朔，日食。	甲辰。春二月，夏五月，	
梁		梁普通五年。	
魏	魏司徒崔光卒。	魏正光五年。魏遣臨淮王彧及李崇討拔陵。	魏秦州莫折大提反，陷高平，大提死，子念生
楊			
異國			

秋八月。

代領其衆，魏遣兵討之。○注：莫折，關西復姓，大提，其名也。時寇盜蜂起，秦州薛珍等殺刺史，李彦推大提爲秦王，陷高平，殺鎮將軍行臺。大提尋卒，子念生自稱天子，魏遣尚書元修義討之。

魏秀容起伏莫于等反，酋長爾朱榮討平之。

		九月。	冬十月。
梁			梁取魏建陵、曲木、瑯琊等城。
魏	〇注：榮，羽健之元孫也。時四方兵起，榮散其畜牧家資招納豪傑。于是侯景、司馬子如、段榮、賈顯度、竇泰等皆往依之。	魏梁州亂，刺史宋穎以吐谷渾討平之。	魏營州人就德興反，高平鎮，敕勒胡琛寇魏豳夏北涼三州。
楊			
異國			

十一月。	十二月。
	梁復取三關，圍魏郢州，不克。梁以散騎常侍朱异掌機政。
莫折念生遣其弟天生陷魏岐州，殺都督元志。蜀賊寇魏雍州，討平之。	魏汾州胡反。

	乙巳。春正月。	三月。
梁	梁普通六年。梁取魏南鄉郡、馬圈等城。	梁遣豫章王綜總督衆軍，攝徐州事。
魏	魏孝昌一年。魏行臺蕭寶寅、督都崔延伯討莫折天生，敗之。岐、雍隴東皆平。	
楊		
異國		柔然阿那環爲魏討拔陵，敗之，自稱勑連頭兵豆伐可汗。

夏四月。

六月。

梁豫章王綜叛，降魏，魏師入彭城，立綜爲丹陽王，更名贊。

魏太后復臨朝，誅其尚書元乂，以元順爲侍中，鄭儼、徐紇、李神軌爲中書舍人。○注：儼與神軌皆得幸于太后者，紇乃媚事儼者。

魏廣陽王深擊拔陵，破之，降其衆二十萬。

	丙午。春正月。	冬十二月。	秋八月。
梁	梁普通七年。	梁取魏順陽、馬圈。	
	魏孝昌二年。魏五原降户鮮于修禮反。		
魏		魏荊郢群蠻叛。	魏柔玄鎮民、杜洛周反，干上谷，遣兵討之。
楊			
異國			

二月。	三月。	夏五月。	秋七月。
魏西部敕勒斛律洛陽反，爾朱榮討平之。	魏朔州鮮于阿胡反。	元略自梁歸于魏，魏以爲侍中，魏復以廣陽王深爲北道大督都。	魏行臺常景敗杜洛周于

八月。

梁

魏

范陽。鮮于阿胡陷魏平城。

賊帥元洪業殺鮮于修禮，降魏。其黨葛榮復殺洪業而自領其衆。爾朱榮爲安比將軍，過肆州，執刺史尉慶賓而以爾朱羽生代之。

楊

異國

冬十一月。

梁侵魏，取壽陽。

葛榮襲殺魏督都章武王融、廣陽王深。就德興陷魏平州。莫折念生降魏，復反，破六韓，拔陵誘胡琛，殺之。

魏幽州民執行臺常景，叛降杜洛周。

	梁	魏	楊	異國
丁未。春正月。	梁大通一年。梁侵魏，圍東豫州及瑯琊，克三關。	魏孝昌三年。葛榮陷魏，殷州刺史崔楷死之。遂圍冀州，魏主戒嚴北討不果行。		
三月。	梁主捨身于同泰寺。	魏主戒嚴西討不果行。		

夏四月。

秋七月。

八月。

○注：魏自六鎮之叛，寇盜蜂起，不勝其書，其閒師徒潰散，督將淪没，不知其幾。中外知其將亡，而魏主不恤。是歲始，有戒嚴之命而亦終于，亦徒爲是虚聲而已。

魏復以蕭寶寅爲西討大都督。

魏樂安王元鑒以業叛，降葛榮。

魏大督都源子邕拔鄴城，誅元鑒。

	九月。	冬十月。	十一月。
梁		梁湛僧智、夏侯夔圍魏廣陵，克之。梁陳慶之攻魏渦陽，克之。	梁以蕭淵藻爲北討督都，鎮渦陽。
魏	泰州人殺莫折念生，以州降魏。	魏蕭寶寅殺關右大使，酈道元舉兵反魏，遣長孫稚討之。	葛榮陷魏冀州，殺督都源子邕，裴衍遂寇相州，不克。
楊			
異國			

戊申。春正月。

梁大通二年。

魏武泰一年。孝莊帝子攸永安一年。○注：彭城王勰之子。魏大赦改元。魏太后胡氏進毒，弑其主詡而立臨洮王世子釗。○注：高祖之子生三年矣。鄭儼、徐紇聞爾朱榮有舉兵入洛之謀，魏主亦密詔榮舉兵內向，恐禍及己。故與太后謀鴆魏主也。胡氏曰：

梁

魏

『魏氏之亂，始于世宗奉佛，政事不修，以肅宗幼弱，胡氏稱制，穢德腥聞，元澄雍懌才薄力弱，劉騰、元乂擅權黷貨，以召六鎮之兵，雖然其間非無忠謀至計、排難解紛者，而朝廷忽焉。如元匡、崔光、袁翻、李崇、張普惠、薛淑、元孚、元深、元順、元纂、辛雄、路思令、楊椿源、子邕、子言，皆不聽也。然則非爾朱榮、高歡能爲魏毒也，是魏之自七耳。』

楊

異國

三月。

爾朱榮舉兵晉陽。夏四月，立長樂王子攸，而沈太后胡氏及幼主釗于河。殺王公以下二千人，自爲督都中外諸軍事，封太原王，入洛陽。○注：胡氏曰：『胡后，魏之罪人。榮之沈之當矣。幼主何罪而并殺之耶？魏之諸臣亦信有罪矣。然非可盡則也。榮能誅其慝而擢其賢才，則五伯之功立矣。乃恃其威，

梁	
魏	力肆行誅殺，其不仁，亦甚矣。雖然，仕于昏亂之朝，懷寵耽利者，亦可以少戒哉。』魏徐紇奔泰山，鄭儼伏誅。魏汝南王悦、臨淮王彧、北海王顥出奔梁。魏郢青南荊州皆叛，附于梁。
楊	
異國	

夏五月。

六月。

秋九月。

魏立肅宗媚爾朱氏爲后。○注：爾朱榮之女，先爲肅宗嬪，魏主納之。爾朱榮還晉陽，以元天穆爲侍中，録尚書事，兼領軍將軍。	元彧自梁歸于魏。	葛榮圍魏相州，爾朱榮討

梁

魏

楊

異國

擒之，冀定、滄瀛皆平。爾朱榮自爲大丞相。

冬十月。

梁立元顥爲魏王，魏王遣將軍陳慶之將兵納之。○注：拓跋雖亂，然長樂已正尊位，是其國未嘗無君也。梁主乃立元顥，又遣兵送之，何義哉！書遣將軍將兵納之，納者，不順之詞也。如春秋書莊公伐齊，納糾之類。

元顥爲魏王。

己酉。春正月。

若曰彼不受而此以强兵納之謂也。書法如此，可以觀矣。

梁中大通一年。

魏永安二年。魏主尊其父勰爲皇帝。

○注：魏主尊彭城王爲文穆皇帝，廟號肅祖，將還神主于太廟而以高祖爲伯考，臨淮王彧諫之曰：『漢光武于元帝疎屬服絶，猶身奉子道，入繼太宗，别祀南頓君于春陵。

		夏四月。	五月。
梁			
魏	況肅宗祖于高祖，親北面爲臣乎。二后皆將配享，此爲君臣同筵，叔嫂同室，臣竊以爲不可。』不聽，請去帝著皇，亦不聽。	魏主顥拔滎城，稱皇帝。	魏主顥取梁國滎陽，虎牢。魏王子攸奔河内，顥入洛陽，以陳慶之爲車騎大將軍①。
楊			
異國			

①車騎大將軍：是中國古代的高級將軍官名。漢制，金印紫綬，位次於大將軍及驃騎將軍，而在衛將軍及前、後、左、右將軍之上，位次上卿，或比三公。典京師兵衛，掌宫衛，第二品，是戰車部隊的統帥。魏晉時以車騎將軍中資深者爲車騎大將軍。

閏六月。	秋九月。	庚戌。夏六月。
	梁主再捨身于同泰寺。	梁中大通二年。梁以元悦爲魏王。
魏爾朱榮渡河，魏王顥走死。陳慶之走歸梁。魏主子攸歸洛陽，榮自爲天柱大將軍①。		魏永安三年。主曄建明一年。元悦爲魏王。

①天柱大將軍：勳官名，北魏時期，孝莊帝元子攸曾封爾朱榮領該職。爾朱榮死後，爾朱兆和高歡先後受封過該職，但兩人均未接受，天柱大將軍的封號由此消亡。

秋七月。

九月，長星見。

梁	魏	楊	異國
	魏以宇文泰爲征西將軍，行原州事。○注：宇文泰從賀拔岳入關，以功遷①征西將軍。		
	魏爾朱榮至洛陽與太宰元天穆皆伏誅，○注：魏主手刃之。魏僕射爾朱世隆反，與汾州刺史爾朱兆立長廣王曄于長子。		

①遷：古代稱調動官職，一般指升職。

冬十二月入洛陽，遷其主子攸于晉陽而弑之。魏紇豆陵、步蕃大破爾朱兆于秀容。兆及晉州刺史高歡擊殺之，兆使歡統六鎮。○注：初魏主殺爾朱榮，詔河西賊帥紇豆陵步蕃襲秀容，至是步蕃南下○紇豆陵虜三字姓○兆使歡統六鎮，天奪爾朱氏之魄矣○高歡爾朱榮叅軍賀六渾其小字也。

	辛亥。春一月。
梁	梁中大通三年。
魏	魏節閔帝恭普泰一年。主朗中興一年。魏樂平王爾朱世隆廢其主曄，而立廣陵王恭。○注：世隆以曄疏遠無人望，欲立親近廣陵王恭○恭高祖猶子羽之子也。魏河北大使高乾起兵信都，以冀州迎高歡。魏封其故主曄爲東海王。
楊	
異國	

	夏四月。
	梁太子統卒。○注：謚曰昭明。梁主立子綱爲太子。
魏以爾朱世隆爲太保①。魏以高歡爲渤海王。	

①太保：職官名。三公之一，位次太傅。多爲恩寵所加的頭銜，并無實職。

	六月。	秋七月。
梁	封孫歡爲豫章王，譽爲河東王，詧爲岳陽王。	梁賜其宗戚沐食鄉亭侯有差。
魏	魏冀州刺史高歡起兵討爾朱氏。魏廣宗王爾朱天光殺侍中楊侃。	爾朱世隆殺司空楊津，太保楊椿，夷[1]其族，津子愔奔信都。
楊		
異國		

①夷：消滅。

冬十一月。

楊氏兄弟俱有名德，家世孝友，緦麻①同爨，②男女百口，人無間言，椿津③至三公。一門七太守三十二刺史。爾朱世隆誣以楊氏謀反，以致殺滅其族。朝野無不憤痛，唯津子愔適出獲免。往見高歡，因陳討爾朱氏之策，歡甚重之，以爲行臺郎中。

魏高歡立渤海太守，元朗自爲丞相，敗爾朱兆等軍于廣阿。

①緦麻：古代喪服名。五服中之最輕者，孝服用細麻布製成，服期三月。凡本宗爲高祖父母，曾伯叔祖父母，族伯叔父母，族兄弟及未嫁族姊妹，外姓中爲表兄弟，岳父母等，均服之。　②同爨：同灶炊食。謂同居，不分家。　③椿津：指父親的教誨。

	壬子。春正月。	二月。
梁	梁中大通四年。梁封西豐侯正德爲臨賀王。	梁以元法僧爲東魏王。○注：法僧本魏徐州刺史降梁。
魏	魏普泰二年。中興二年。孝武帝修永熙一年。魏丞相歡克相州，以楊愔爲行台右丞。	
楊		
異國		

三月。	閏月。	夏四月。
魏主朗入，居于鄴高，歡自爲太師。	魏而朱天光，而朱兆及律仲還等會兵攻鄴，高歡擊破之。	魏將軍斛斯椿執爾朱天光度律送鄴世隆伏誅，仲遠奔梁。

五月。

梁		
魏	高歡入洛陽，廢其主恭及朗而立平陽王修，自爲大丞相。魏爾朱度律天光伏誅。	魏封其故主朗爲安定王。魏主修弑其故主恭。
楊		
異國		

秋七月。	冬十一月。	十二月。
魏大丞相歡，討爾朱兆，走之，遂據晉陽。	魏主修弑安定王朗、東海王曄。○注：魏主于是蓋三弑君矣。	魏主殺，汝南王悦。魏立後高氏。○注：歡之女也。

	癸丑。春正月。	三月。	秋九月。
梁	梁中大通五年。		
魏	魏永熙二年。魏大丞相歡襲秀容，殺爾朱兆。		魏大丞相歡，分封邑，以頒勳義。
楊			
異國		阿至羅復附于魏。○注：魏正光以前，阿至羅嘗内屬及中原多事，遂叛高歡。招之復降凡十萬户。	

冬十二月。

甲寅。○注：是歲，魏分爲二，凡三國。

梁中大通六年。

歡請分封邑十萬，以頒勳義。將以是結人心而用之也。

魏大丞相歡使翟嵩如關中。○注：歡患賀拔岳侯莫陳悅之彊。右丞翟嵩曰：『嵩能間之，使其自相屠滅。』歡乃遣之。

魏永熙三年。

東魏孝靜帝善見天平一年。

	春正月。	夏四月朔，日食。
梁		
西魏	魏大丞相歡攻紇豆陵伊利，執之。魏永寧浮圖災。魏泰州刺史侯莫陳悅殺賀拔岳，魏以宇文泰統其軍。	魏宇文泰討侯莫陳悅，誅之。遂定秦隴。魏以泰爲關西大都督。
東魏		
楊		
異國		

六月。

秋七月。

魏大丞相歡舉兵反。

魏主修奔長安，歡入洛陽，推清河王亶承制決事。魏主以宇文泰爲大將軍尚書令。○注：自是爲西魏。

	冬十月。	十一月。	閏十二月。
梁			
西魏	魏以宇文泰爲大丞相。		魏大丞相泰進毒弑其君修。○注：魏孝武闈門無禮，從妹不嫁者三人。平原公主明月、南陽王寶炬之同産也。從入關，宇文泰殺之。魏主不悦，與泰有隙，飲酒過酖①而殂。
東魏	魏大丞相歡立清河王，世子善，見于洛陽。○注：是爲東魏。	東魏遷于鄴。	
楊			
異國			

①酖：同『耽』。嗜酒，沉溺。

乙卯。春正月朔。

梁大同一年。

魏文帝寶炬大統一年。魏大丞相泰立南陽王寶炬。○注：文孝宏之曾孫。

按：人主凡依人而立，未有不受其祀者。魏之孝武迫于高歡所恃者，一宇文泰耳，奔鼠入門。曾未旋踵而身被耽毒，是何巽避湯入火也。

東魏天平二年。

		夏五月。	秋八月。
梁			
西魏	魏大丞相泰自爲都督，中外諸軍事，對安定公。魏立后乙弗氏。	魏大丞相泰自加柱國。	
東魏	東魏大丞相歡擊斬劉蠡升。○注：升自稱天子，居雲陽谷。東魏大丞相歡自爲相國，假黃鉞加殊禮，復辭不受。		東魏作新宮。
楊			
異國			

冬十一月。	十二月。	丙辰。春二月。
梁侍中徐勉卒。		梁大同二年。
	魏與柔然和親。	西魏統二年。
東魏封高洋爲太原公。		東魏天平三年。東魏大丞相歡，遣世子澄入鄴輔政。東魏以爲尚書，令京畿大都督。

	三月。	冬十二月。	丁巳。秋八月。
梁	梁處士陶弘景卒。○注：弘景隱茅山，帝有大議，必諮之。時人號爲山中宰相。然當時政事之失，駸駸八于亂亡而不聞。弘景有一言以省帝心，何哉。弘景秣陵人。		梁大同三年。梁修長于寺塔。
西魏		西魏大饑。○注：人相食，死者十七八。	西魏大統三年。西魏大丞。
東魏			東魏天平四年。東魏大丞。
異國			

闰九月。

	梁以武陵王紀爲益州刺史。
相泰伐東魏。克恒農遣使諭降河北城堡。	西魏大丞相泰伐東魏，東魏秦州降泰，遂略定汾絳。西魏取洛陽、豫州潁梁、廣陽等州皆降。
相歡侵西魏，西魏大丞相泰，迎戰渭曲，大敗之。	

	戊午。春正月朔，日食。	二月。	秋七月。
梁	梁大同四年。		梁大赦。○注：以得如來舍利故也。
西魏	西魏大統四年。	西魏廢其后乙弗氏，立柔然女郁久閭氏爲后。	
東魏	東魏元象一年。	東魏遣行壹侯景治兵虎牢，複取汾潁豫廣四州。○注：景初爲而朱榮將，學兵法于幕容紹宗。及歡誅，而朱乃降。歡飛揚跋扈，唯紹宗可以敵之。	
異國			

八月。

東魏遣兵圍西魏金墉，西魏大丞相泰救之，斬其將高敖。曹復戰，不利引還。東魏大丞相歡拔金墉，魏師走。

冬十二月。

西魏復取洛陽及廣州。○注：由是襄廣以西城鎮復爲魏。

東魏改停年格。

	己未。春正月。	夏五月。	秋九月。	冬十月。
梁	梁大同五年。梁以何敬容爲尚書令。			
西魏	西魏大統五年。西魏大丞相泰置行臺①學。			西魏置紙筆與陽武門以求言。
東魏	東魏興和一年。	東魏立后高氏。○注：歡之女也。	東魏城鄴。	
異國				

①行臺：職官名。指置於外州的尚書省。本專主軍事，後始兼理民事，唐廢。

庚申。

春二月。

夏閏五月朔，日食。

秋八月。

梁大同六年。

梁司空苑昂卒。○注：謚曰穆止。

西魏大統六年。柔然侵西魏，西魏王殺其故后乙弗氏。○注：欲立蠕蠕之女無罪而黜后爲尼。冠履已倒置矣。今又殺之則，中國不能自立，受制于柔然①明矣。

東魏興和二年。

①柔然：我國古代少數民族之一。初屬拓拔部，爲東胡族的苗裔。自始祖木骨閭傳至社侖，凶狡有權變，南北朝時漸强大，渡漠北，侵高車，并合諸部，國勢大振。其後屢敗于北魏，於西魏廢帝時，爲突厥所滅。也稱爲『芮芮』、『蠕蠕』。

	辛酉。秋七月。	冬十二月。
梁	梁大同七年。	
西魏	西魏大統七年。西魏以宇交測爲大都督，行汾州事。○注：測深之兄也爲政簡惠得士民心。	
東魏	東魏與和三年。	東魏大稔①。
異國		梁交州李賁反，遣兵討之。○注：賁世豪有仕不得志，又有并韶者，富辭藻詣選求官，尚書蔡樽以并姓無前賢，除廣陽門郎。韶恥之，遂與賁謀作亂。

①稔：莊稼成熟。

壬戌。
春正月。

三月。

秋八月。

梁大同八年。梁安成妖人作亂，三月江州司馬王僧辯討平之。		
西魏大統八年。	西魏初置六軍。	
東魏興和四年。		東魏以侯景爲河南大行臺。

	冬十二月。	癸亥。春二月。
梁	梁盧子略作亂廣州，參軍陳霸先討平之，以霸先爲直閣將軍。○注：霸先吳無郡長，城下若裏人樓吳無今湖州是。	梁大同九年。
西魏		西魏大同九年。冬魏北魏州刺史高仲密以虎牢降西魏，三月西魏太丞相泰帥軍應之。
東魏		東魏武定一年。
異國		

夏四月。

秋八月。

冬十一月。

及東魏大丞相歡站于邙山，大敗而還。

東魏以侯景爲司空。

東魏以斛律金爲大司馬。

東魏築長城于肆州。

	甲子。春三月。	夏五月。	冬十月。
梁	梁大同十年。		
西魏	西魏大統十年。	西魏大都督琅邪公賀拔勝卒。	
東魏	東魏武定二年。東魏以高澄爲大將軍，領中書監。		東魏括户均賦。○注：東魏以喪亂之後，户口失實，徭賦不均，以括户大使分行諸州，得無籍之户
異國			

六十餘萬，僑居者皆勸還本屬。

乙丑。
春正月。

夏六月。

梁大同十一年。

西魏大統十一年。

西魏作大誥。

東魏武定三年。
東魏作晉陽宮。○注：高歡以并州軍器所動，動須女功請置宮，以處配没之口於是。置晉陽宮。

		冬。	丙寅。春三月。	夏四月。
梁		梁復贖刑法。	梁中大同一年。梁主講佛書於同泰寺。	同泰浮圖災，復作之。
西魏	○注：晉氏以來，文章失實競爲浮華。宇文泰欲革其弊，命蘇綽作大誥，令自今文章，皆依此體。		西魏大統十二年。	
東魏			東魏武定四年。	
異國				

		秋八月。	冬十月。	十一月。
○注：梁主幸同泰寺講三慧經。四月，講解是夕浮圖災。梁主曰：『此魔也，更宜廣爲法事。』遂起十二層浮圖。將成值侯景亂，乃止。		梁以邵陵王綸爲南徐州刺史。	梁以岳陽，王登爲雍州刺史。	
		西魏以韋孝寬爲井州刺史，將玉璧。		東魏大丞相高歡来侵圍玉璧，
		東魏遷石經于鄴。○注：凡五十二碑。		東魏大將軍高澄如晉陽。

		丁卯。 春正月朔，日食。
梁		梁太清一年。梁以湘東王繹爲荊州刺史。
西魏	不克而還。○注：高歡盡攻擊之術而孝寬守禦有餘。歡智力皆困，银而疾作，乃解圍去。西魏度支尚書蘇綽卒。	西魏大統十三年。
東魏		東魏武定五年。東魏大丞相渤海王高歡卒。
異國		

	二月。	三月。
	梁封侯景爲河南王。○注：景以河南叛來附，故封之。	梁主復捨身于同泰寺。○注：梁主至是，三捨其身矣。然其身猶在，卒，莫之捨。捨于佛而佛不受。遂捨于侯景。不惟于其身且并其子孫國家捨之可哀也哉。
	西魏除宮刑。	
東魏大行臺侯景以河南降魏。	侯景復以河南叛附于梁。	

	夏四月。	六月。	秋七月。
梁			梁遣貞陽侯淵明督諸將，侵東魏。
西魏		東魏遣兵討侯景。西魏遣兵救之。徽景入朝，景不受命。西魏帝乃還。	
東魏	東魏大將軍澄如鄴。	東魏高澄遣將軍元柱等將兵討侯景。	東魏大將軍澄還晉陽，自爲都督。中外諸軍録尚書。
異國			

九月。

梁堰泗水以攻東魏之彭城。東十一月，東魏行壹慕，败之，獲蕭淵明。

事渤海王，東魏大將軍澄入鄴。幽其主于宮中，殺侍讀荀濟等而還。

	冬十二月。	戊辰。春正月。	三月。
梁	梁立元貞爲咸陽王。○注：見高澄幽善見于金墉。欲使元貞主魏也。	梁太清二年。	梁交州司馬陳霸先討李賁平。
西魏	西魏以鄭穆爲京兆尹。	西魏大統十四年。	
東魏		東魏武定六年。東魏慕容紹宗擊侯景景衆，潰走。襲據壽春。梁以爲南豫州牧。	
異國			

夏五月。

秋七月朔，日食。

八月。

以霸先爲西江督。護高要太守督七郡諸軍事。	梁遣散騎，常侍徐陵如魏。○注：復修好也。	梁候景及壽陽梁主遣邵陵王綸督諸軍，討之。
	西魏以宇文泰爲太師。	
		東魏遣兵略地江淮，取梁二十三州。

冬十月。

梁	梁臨賀王正德叛，引侯景兵渡江。梁王命宣城王大器將軍，羊侃督軍禦之。蕭正德引侯景圍梁臺城，十一月景以正德稱帝。○注：正德叛父，侯景叛君。君臣父子之義俱绝。
西魏	
東魏	
異國	

十一月。

梁湘东王繹移檄遣兵赴援梁邵陵王。綸還軍赴援。候景擊之，大潰。

十二月。

梁鄱陽王範南康王。會理將兵入援。梁將軍羊侃卒。○注：城中益懼。

		己巳 春正月。
梁	梁散騎布侍韋粲及東西道都督斐之高、柳仲禮等各以兵入援，推仲禮爲大都督。	梁太清三年。侯景襲梁援軍韋粲，死之，柳仲禮擊景，敗之。
西魏		西魏大統十五年。
東魏		東魏武定七年。
異國		

二月。

梁以侯景爲大丞相，與之萌敕止援軍。湘東王繹次于武城。○注：太子綱徇賊所请。湘東王繹勒兵不前。梁王有子如此，雖欲不亡得乎？湘東武城之次恐，先解父兄之圍而已。不得帝也。不良甚矣。

	三月。
梁	侯景陌梁臺城，自稱大都督，録尚書事。邵陵王綸奔會稽。柳仲禮等叛降景。景廢蕭正德以爲大司馬。梁湘東王繹歸江陵，殺桂陽王慥。侯景陌梁廣陵梁宣城，吴興起兵拒侯景陷梁廣陵。
西魏	
東魏	梁東徐北、青州及淮陽郡，皆叛降于東魏。東魏遂取梁青州及山陽郡。東魏攻西魏潁川，西魏入擊之，殺其將慕容紹宗劉豐生。
異國	

夏。

梁宣城吴興起兵拒侯景。

東魏大將軍高澄如鄴。

五月。

梁主衍殂，太子綱立。○注：景圍臺城。帝茹蔬皆絶，但食雞。子憂憤成疾，口苦，索蜜不得。再日荷荷餓而死。賀善贊曰：『慈厚善政，亦多有之。』徵士求言：『尊經典，學禮樂制度，相望于册。是以自漢永平以來，大有年未有書者，于是復書。獨其過于慈柔而廢國家之法，

西魏詔代人復其舊姓。

六月。

溺于異教而薄宗廟之禮。志取一城，而輕數十萬人之命。三書捨身，再書作塔，四書淮堰。《綱目》每深病之，迨末年輕納叛人，遂不克終，悲哉。』

梁

梁湘東王繹自稱假黃錢大都督中外諸軍承制。侯景殺蕭正德。

西魏

東魏

東魏大將軍澄克颍川以王思政歸西魏，西魏師還。

異國

秋七月。

梁永安侯確謀討侯景。不克而死。

○注：武帝子孫，臨難無愧者，永安侯一人而已。

盜殺東魏大將軍渤海王高澄于鄴。

	九月。	冬十一月。
梁	梁岳陽王詧攻江陵。湘東王繹襲襄陽，詧遁還。繹使竟陵太守王僧辯攻湘州。	梁湘東王繹遣兵攻襄陽，岳陽王詧乞師于西魏，西魏遣楊忠將兵救之。
西魏		
東魏		
異國		

十二月。	庚午。○注：是歲，東魏亡，齊代。 春正月。
梁始興太守陳霸先起兵討侯景。	梁簡交帝綱大寶一年。梁以陳霸先爲交州刺史。梁邵陵王綸至江夏，自稱都督中外諸軍承制。
	西魏大統十六年。
東魏取梁司州。○注：于是東魏盡有淮南之地。	東魏武定八年。齊交宣帝高洋天保一年。東魏高洋白爲丞相。都督中外諸軍，録尚書事，封齊王。

	夏四月。	五月。
梁	梁王僧辯克湘州，殺河東王譽。梁湘東王繹移檄討侯景。	梁鄱陽王範卒。梁武陵王紀遣世子圓照赴援。次于白帝。○注：君父陷没久矣。方遣子赴援，又不星馳而下，罪自見矣。
西魏		西魏立蕭詧爲梁王。○注：魏欲詧嗣梁王位。詧融乃遣使册命爲梁王，置百官。梁王詧來朝。
齊		齊王洋稱皇帝，廢魏主爲中山王。齊立子殷爲太子。
異國		

梁高州刺史李遷任反，高涼太守馮寶妻冼氏討，敗之。○注：初燕昭成帝奔高麗，使其族人馮業以三百人浮海奔宋。因留新會自業至融世爲高涼太守，高涼冼氏，世爲蠻酋，部落十餘萬家，有女，善用兵，融聘以爲寶妻。

	秋九月。	冬十月。
梁	梁湘東王繹取郢州，邵陵王綸奔齊。齊以爲梁王。侯景自稱漢王。	侯景殺梁南康王會理，武林侯諮。
西魏		西魏太師泰伐齊，不戰而遠。洛陽、平陽皆降于齊。西魏初作府兵。
齊		
異國		

辛未。春二月。	三月。	夏五月。
梁大寶二年。梁陳霸先討李還仕殺之。	梁湘東王繹齊以爲梁相國承制。	梁湘東王繹遣大都督王僧辯討侯景，次巴陵。
西魏大統十七年。西魏攻齊汝南，拔之，殺其梁王蕭綸。	西魏主寶炬殂，太子欽立。	西魏隴西公李虎卒。西魏以公主嫁突厥。
齐天保二年。		

		秋八月。	冬十月。
梁	六月，又使胡僧佑討景，敗之。獲其將任約景遁還。	侯景廢梁王綱，殺太子大器而立豫章王棟。	侯景弑梁主綱。
西魏			
齊			
異國			

十二月。		壬申。春正月。
侯景廢梁主棟，自稱漢帝。		梁孝元帝釋承聖一年。
		西魏主钦乾明一年。○注：文帝寶炬之子。
	齊主洋殺中山王，齊主殺美陽公元暉業。○注：縣美名陽。	齊天保三年。齊王伐庫莫奚，敗之。
		突厥土門襲柔然，殺頭兵可汗，自號伊利可汗。

	梁		西魏	齊			異國
二月。	梁湘東王繹遣王僧辯、陳霸先討侯景，景亡走吴。						
三月。	梁湘東王繹殺豫章王棟。						
夏四月。	梁武陵王紀稱帝于成都。侯景伏誅。			齊以楊愔爲僕射，尚太原公主。○注：公主魏孝静帝之後也。愔以臣而妻母后禽獸之行也。			

○注：侯景敗，侯瑱追及松江進擊敗之，景與腹心數十人，單舸①走將入海，羊侃之子鵾爲景都督，殺之，送尸建康。傳首江陵截其手送于齊，暴屍于市，士民爭取食之。并骨皆盡。溧陽公主亦預食焉，景五子在北齊，皆殺之。

盜竊梁傳國璽，歸之于齊。○注：侯景之敗也，以傳國璽自隨使其侍中趙思賢掌之，曰：『若我死宜沈于江思賢濟江。』遇盜，從者棄之草間，至廣陵以告郭元建，元建取之，送鄴。

齊以辛術爲吏部尚書。

①舸：船。

梁

梁以王僧辯爲司徒，陳霸先爲征虜將軍，開府儀同三司。王偉等伏誅。

○注：偉乃景之謀主也。

西魏

齊

異國

冬十月。

十一月。

癸酉。

	梁主繹立。○注：王即位于江陵，是時侯景之亂，州郡大半入魏，自巴陵以下至建康，以張江爲限，荊州界北書周寧西距硤口，嶺南復爲蕭勃所據，詔令所行，千里而近，民户著籍不盈三萬。	梁承聖二年。
		西魏乾明二年。
齊築長城。○注：四百餘里，置戍三十六所。		齊天保四年。

	春正月。	二月。	三月。
梁			梁武陵王紀伐江陵，西魏遣大將軍尉遲迥伐成都以救之，武陵王還兵赴援，次于西陵。
西魏	西魏太師泰日加都督中外諸軍事。		
齊			
楊			
異國		突厥伊利可汗死，弟木杆可汗俟斤立。	

秋七月。	九月。	冬十一月。
梁武陵王紀衆潰，梁主殺之及其諸子。	梁遣王僧辯還建康，陳霸先還京口。	
		西魏太師泰殺尚書元烈。
		突厥攻柔然，齊主擊之。還柔然于馬邑川，突厥請降。

	甲戌。春正月。	
梁	梁承聖三年。梁陳霸先侵齊。	
西魏	西魏恭帝廓一年。◯注：欽之弟。西魏宇文泰廢其主欽，而立齊王廓復姓拓跋氏。	
齊	齊天保五年。	
異國		◯注：突厥攻柔然，柔然舉國奔齊，齊主擊突厥迎納柔然，廢其可汗庫提，立阿那鑲子菴羅辰爲可汗，置之馬邑川，親追突厥，突厥自是貢獻悁繼。

三月。	梁以王僧辯爲太尉，陸法和爲司徒。						
夏四月。	梁以陳霸先爲司空。		西魏宇文泰殺其故主欽。				
秋八月。	梁主將老子于龍光殿。			齊殺太保高隆之。			
冬十月。	西魏遣于謹來伐梁主，繹被執見殺。		西魏遣柱國千謹帥師伐梁，十一月入江陵。				

十二月。

梁		梁王僧辯陳霸先奉晉安王方智承制。○注：方智元帝繹之子。
西魏	十二月執梁主繹殺之。	西魏取襄陽，徙梁王詧使稱帝于江陵，屯兵守之。○注：西魏立詧爲皇帝，取其雍州之地而資之，荊州延袤三百里又置防，主將兵居西城，名曰助防，實制詧也。西魏加益州刺史尉遲迥承制。
齊		
異國		

乙亥。○注：是歲，後樑蕭詧稱帝，凡四國。

春正月。

梁敬帝方智詔泰一年。梁廣州刺史王琳救江陵弗，及次於長沙，遣兵伐後梁。○注：殺梁主者，魏也。後梁詧受魏立，自琳視之，則讎也，琳有舊主之心故書伐長沙王韶與上游諸將皆推琳爲盟主。

西魏恭帝二年。

齊天保六年。齊遣梁貞陽候蕭淵明還，梁稱帝以兵納之。

後梁宣帝蕭詧天定一年。梁王詧始稱帝。○注：詧即位改元于江陵，是爲後梁賞罰制度并同王者，惟上疏于魏，則稱臣奉其正朔○按：詧梁太子統之第三子即蕭繹之姪也，雖繼繹稱帝，實魏使之猶稱臣，朝魏不得，謂繼梁之統，是謂後梁○改元天定在位八年，殂。子巋立，改元天寶，在位二十三年，殂。子琮立，改元廣運在位一年，隋并之。

	二月。	夏五月。
梁	梁王 方智立。○注：晉安王自襄陽入建康即梁王位時年十三。	梁王 僧辯奉淵明歸。建康以梁王方智爲太子。○注：淵明入即位，以方智爲太子。王僧辯爲大司馬，陳霸先爲侍中。
西魏		
齊		
後梁		
異國		

六月。	秋八月。	九月。
		梁陳霸先殺王僧辯，廢淵明。
齊築長城。○注：齊于是再書長城矣。	齊以道士爲沙門。○注：道士剃頭，爲沙門。	

冬十月。

梁

復立方智，稱藩于齊。○注：先是武帝遣兄懿之子淵明侵東魏，爲魏所虜，及齊，高洋簒魏，又以兵納淵明帝梁于是，王僧辯迎淵明即位，以方智爲太子。既而陳霸先殺僧辯，廢淵明，仍奉方智爲主，霸先自封陳王。未幾，霸先廢主，方智爲江陰王。尋弑之。封淵明爲建安公。陳霸先自爲尚書令，都督中外諸軍事。

西魏

齊

後梁

異國

十一月。	十二月。	丙子。春正月。
		梁敬帝太平一年。
	西魏降其宗室王者爲公。	西魏恭帝三年。西魏初建，六官以宇文泰爲大冢宰。
齊主殺其清河王岳。		齊天保七年。
	突厥滅柔然可汗，鄧叔子奔魏，突厥取而殺之。	

○注：初，宇文泰以蘇綽等依周禮定六官。至是行之，以泰爲太師，大冢宰李弼爲太傅，大司徒①趙貴爲太保，大宗伯獨孤信爲大司馬②，於謹爲大司寇③，侯莫陳崇爲大司空，自餘，百官皆倣周禮。

夏五月。

梁建安公淵明卒。

六月。

齊大治官室。

秋七月。

梁陳霸先自爲

	梁	西魏	齊	後梁	異國
（前月）		○注：初，宇文泰以蘇綽等依周禮定六官。至是行之，以泰爲太師，大冢宰李弼爲太傅，大司徒①趙貴爲太保，大宗伯獨孤信爲大司馬②，於謹爲大司寇③，侯莫陳崇爲大司空，自餘，百官皆倣周禮。			
夏五月。	梁建安公淵明卒。				
六月。			齊大治官室。		
秋七月。	梁陳霸先自爲				

①大司徒：官名。周官有大司徒 掌國家之土地與人民。漢哀帝時罷丞相之職 置大司徒 與大司馬 大司空 并稱三公。東漢時稱司徒。②大司馬：職官名。周代爲主掌武事之官，漢代則爲三公之一，後世也常以大司馬稱兵部尚書。③大司寇：古代官名。古代中央政府中掌管司法和糾察的長官。

	八月。	九月。	冬十月。
司徒揚州刺史，進爵長城公。		梁陳霸先自爲丞相尚書事。	
			西魏太師大冢宰安定公宇文泰卒，世子覺嗣。○注：覺泰所尚魏孝武妹，馮翊公主所生。
	齊主如晉陽。		

	十一月。	十二月。	丁丑。○注：是歲，梁亡陳代，魏亡周代，凡四國。春正月。
梁	梁徵王琳爲司空不至。		梁太平二年。陳高祖武帝陳霸先永定一年。
西魏		西魏太師覺爲周公。	魏恭帝四年。周孝愍帝宇文覺一年。九月以後明帝毓一年。
齊	齊并省州縣。	齊築自長城。○注：自秦書築長城，越六百二十七年，而魏一書宋癸亥又百二十年，而東魏一書梁癸亥至是齊五年間，而三書王乙申亥是年築重城四百里，不與焉。築長城二百里，不書，不與焉。	齊天保八年。
後梁			
異國			

○注：漢太邱長陳實之後，仕梁封陳王，遂代梁，國號陳，都建康，傳五世，曆三十三年。武帝在位三年。

周公覺稱天王，廢魏主爲宋公，宇文護自爲大司馬。○注：宇文護以周公覺幼弱，欲早使正位以定人心，以魏主詔奉册璽禪位于周遷。魏主出，居大司馬府，周公即天王位。

	二月。	三月。
梁陳	梁蕭勃起兵廣州，次于南康。○注：王琳書不至，蕭勃書起兵霸先不臣之跡，不可掩矣。	
魏周	周大司馬護殺冢宰趙貴。周宇文護自爲大冢宰。周冢宰護弑未公。	周冢宰護殺趙公獨孤信。
齊		
後梁		
異國		

秋八月。	九月。	冬十月。
周人歸梁王繹之喪。	梁丞相霸先自爲相國，封陳公，加九錫①。	梁陳公霸先進爵爲王，遂稱皇帝，廢梁王爲江陰王。
周人歸故梁王繹之喪于王琳。○注：琳請之也。	周冢宰護弑其君，覺而立寧都公毓。○注：毓，覺之弟，泰姚夫人所生，娶獨孤信之女。	
		齊人築重城。○注：于長城築重城，自庫洛枝東至鳴紇戍凡四百餘里。

①九錫：古代天子優禮大臣，所賜與的車馬、衣服、樂器、朱户、納陛、虎賁、弓矢、鈇鉞、秬鬯等九種物品。

	十二月。	戊寅。春正月。	二月。
陳		陳永定二年。梁，刺史王琳伐陳次于白水，遣使乞師于齊。	齊納梁永嘉王莊于梁軍
周		周明帝二年。周宇文護自爲太師。	
齊	齊主幽其弟永安王浚、上黨王渙于地牢。	齊天保九年。	
後梁			
異國			

	夏四月。	五月。	冬。	十二月。
以王琳爲梁丞相，琳遂以莊帝。	陈主霸先殺江陰王。○注：謚曰梁敬帝。	陈王捨身于大莊嚴寺。		陳高涼太守，馮寶卒。
			齊以常山王演録尚書事。	齊王殺永安王浚、上黨王渙。

	己卯。春正月。	夏五月朔，日食。	六月。
陳	陳永定三年。		陳主霸先殂，兄臨川王蒨立。
周	周武成一年。周王始親政。○注：宇文護上表歸政周王。始亲萬機。		周王賜处士韋夐，号逍遥公。
齊	齊天保十年。	齊王杀魏宗室二十五家。	齊王滅元氏之族。○注：盡誅諸元，凡死者七百二十一人。
後梁			
異國			

秋八月。	陳王 封子伯茂爲始興王。		梁丞相琳敗陳師于湓城。
冬十月。			
十一月。	周王 始稱皇帝。○注：周御正中大夫崔猷建議以爲天子，稱王不足以威天下，请遵奉漢書制，稱皇帝建年號從之。		
		齊王 洋卒，太子殷立。○注：高洋篡殺以来，無一善可紀，若其淫酗①肆虐，則夏商之季不是過也。	

①淫酗：飲酒無度。

庚辰。春二月。

陳文帝隨天嘉一年。梁丞相琳伐陳敗績，與梁主莊皆奔齊。〇注：奔矣。書梁主何成之爲君也。陳衡陽王昌自周歸于陳。〇注：初，陳高祖以其子昌姪頊在長安屢請于周，周不遣至是乃遣昌還，陈主以昌爲衡陽王。

周武成二年。

齊主殷乾明一年。

孝昭帝演皇建一年。齊太傅常山王演杀尚書令，楊惜等爲丞相，都督中外诸军事。

陳

周

齊

後梁

異國

三月。	夏四月。	六月。
陳主殺其弟衡陽王昌。		陳人葬梁孝元帝。○注：周人歸其喪于琳，于是四年矣。琳奔而葬之宜也。
	周冢宰護進毒殺其君毓。毓弟魯公邕立。	
齊丞相常山王演如晉陽。		

	秋八月。	辛巳。 春正月。 夏四月朔，日食。	秋九月。
陳		陳天嘉二年。	
周		周武帝邕保定一年。周太师斛自家都督中外诸军事。	
齊	齊常山王演廢其主殷为濟南王而自立。	齊武成帝湛太寧一年。齊以王琳爲杨州刺史。	齊王演殺濟南王。
後梁			
異國			

冬十月朔，日食。

十一月。

壬午。

春閏二月。

陳天嘉三年。

周保定二年。

齊河清一年。

齊主演殂，弟長廣王湛立。廢太子百年爲樂陵王。

後梁世宗天保一年。後梁主詧殂，太子巋立。

○注：詧安于儉，素不嗜酒色，以封疆褊隘邑居殘毀，鬱鬱不得志。疽發背而死。

	三月。	夏四月。	五月。秋九月朔，日食。	冬十二月，	癸未。春正月。三月朔，日食。
陳	陳安成王頊自周歸于陳。				陳矢嘉四年。
周					周保定三年。
齊		齊太后婁氏殂。	齐以斛律光爲尚書令。	齐主殺其兄之子原王紹德。	齊河清二年。
後梁					
異國					

夏四月。 六月。			甲申。 春二月朔，日食。 夏六月，白虹贯日。 秋八月朔，日食。
		陳杀其司空侯安都。	陳天嘉五年。
周太師護殺梁公侯莫陳崇。	周主養老于太學。		周保定四年。
齊以高元海为兗州刺史。		齐王杀其河南王孝瑜。	齊河清三年。齊主湛殺其兄之子百年。

陳	九月。	乙酉。春二月。	夏四月，彗星见。
		陳天嘉六年。	陳侍中安成王頊免。
周			
齊	周封李昞爲唐公。〇注：以追録佐命元功，封昞虎之子也。	周保定五年。遣使如突厥逆①女。	
後梁	齊入歸宇文護之母于周。	齊後主緯天統一年。	齊王湛傳位于太子緯，自稱太上皇帝。
異國			

①逆：迎接。

秋七月朔，日食。

○注：白虹贯日，殺兄子厭之。彗星见，傳太子以禳之。齊之所以應天者，以此。

丙戌。

春正月，日食。

夏四月。

陳天康一年。

陳王蒨殂，太子伯宗立，以安成王頊爲司徒，録尚書事。徐陵爲吏部尚書。

周天和一年。

齊天統二年。

冬十二月。

陳

周

齊

齊主湛殺其河間王孝琬。○注：齊主已自稱上皇矣。復稱齊主者，以列國書陳齊固不可以上皇稱之也。書名湛者所以别于緯也。齊始用士人爲縣令。○注：魏末以來，多用廝役爲縣令。士流恥爲之。齊僕射元交遥以爲縣令，治民之本，請革之。

後梁

異國

丁亥。

春正月朔，日食。

二月。

夏閏六月。

秋八月。

冬十一月朔，日食。

陳主伯宗光大一年。陳安成王頊殺中書舍人劉師知，又殺僕射到仲舉。

周天和二年。

齊天統三年。

齊左丞相咸陽王斛律金卒。

齊以東平王儼爲司徒。

	戊子。春三月，	夏四月。	秋七月。	冬十一月朔，日食。
陳	陳光大二年。			陳安成王頊廢其主。
周	周天和三年。周納後阿史那氏。周太傅燕公于謹卒。		周隨公楊卒。○注：忠堅之父也。	
齊	齊天統四年。	齊以和士開爲僕射。		齊主湛殂。
後梁				
異國				

己丑。春正月。	
陳宣帝頊太建一年。	伯宗爲臨海王而殺始興王伯茂。○注：始興王伯茂以安成王頊專政不平，肆惡言，頊遂以太后令誣陳主雲與劉師知華皎等涵謀廢爲臨海王，以安成王入纂，又下令黜伯茂爲湛麻侯，寘諸別館使盜殺之。
周天和四年。	
齊天統五年。	

		二月。	夏四月。
陳	陳主頊立。		
周			
齊		齊徒東平王儼爲琅邪王。○注：儼，齊主之弟，有寵于上皇及胡后。齊殺其太尉，趙郡王叡。○注：爲其苦諫太后出和士開也。	齊以高阿那肱爲尚書令。
後梁			
異國			

韓長鸞爲領軍。陸令萱爲女侍中。穆提婆爲侍中。

○注：陸令萱坐[1]其夫駱超謀反，配于掖庭。其子提婆亦没入爲奴。齊主之在襁，令萱義養之，令萱巧黠[2]，有寵于胡太后。和士開皆爲之養子。齊主以令萱爲女侍中，令萱引提婆人侍，齊主朝夕戲狎。

①坐：因爲。②巧黠：狡黠，滑頭。

	秋八月。	庚寅。春二月。	秋七月。
陳	陳廣州刺史歐陽紇反。	陳太建二年。陳人討歐陽紇斬之，封陽春太守馮僕母冼氏爲右龍太夫人。○注：封其討廣州刺史歐陽紇反之，罪也。	
周		周天和五年。	
齊		齊武平一年。齊以斛律光爲右丞相。	齊以和士開爲尚書令。
後梁			
異國			

九月。	冬十月朔，日食。	辛卯。夏四月朔，日食。
		陳太建三年。
		周天和六年。
齊立子恒爲太子。○注：恒穆夫人所生，后母養之以爲太子。	齊以蕭莊爲梁王。○注：復以永嘉王蕭莊爲梁王，許以興復，竟不果。及齊亡，莊憤悒，卒于鄴。	齊武平二年。

	六月。	秋七月。	九月。
陳			
周			
齊	齊太宰段韶圍周，定陽克之，獲汾州刺史楊敷。○注：敷愔之子，素之父也。	齊琅邪王儼殺和士開。	齊太宰平原王段韶卒。○注：韶功高望重，雅性温慎，得宰相體事，後母孝閨門雍肅，謚忠武。
後梁			
異國			

壬辰。	冬十月。	
陳太建四年。		
周建德一年。		
齊武平三年。	齊主幽其太后胡氏與北宮。○注：胡后與僧統曇獻通。齊主聞而未之信，後朝太后見二尼，悅而召之，乃男子也。于是，曇獻事亦發，皆伏誅，遂幽太后于北宮。	齊主殺其弟琅邪王儼。

春三月朔，日食。

陳

周

周主討其太師宇文護殺之。○注：權臣專制人，君將從去之，未有不反，貽爲敗者觀之，歷代如魯昭、曹髦之類，則可見矣。後世因是遂以權臣爲不可去，而人君處此亦往往付之無可奈何而。遂已孰知後周高祖誅鋤大慭①，不動聲色除積年根據之惡于一旦，俄頃之間，然後知大姦大惡未有不可去之理，特患人君無其志耳。

齊

後梁

異國

①慭：壞，惡。

夏六月。	秋八月。	九月朔，日食。
周公親政，以其弟齊公憲爲大冢宰，衛公直爲大司徒。		
	齊主殺其左丞相咸陽王斛律光。	齊主廢其后斛律氏，齊立昭儀胡氏爲后。○注：后，胡太后兄之女也。

	冬十月。	十一月。	十二月。
陳			
周		周毀上善殿。○注：以其壯麗故焚之。	
齊	齊立昭儀穆氏爲右后。○注：自漢書立三后劉聰，至是書立右后，後此書立四后。陳已亥年，周立五后，陳庚年周子不可勝譏也。		齊主廢其后胡氏。
後梁			
異國			突厥木杆可汗死，弟佗鉢可汗立，又分立東西可汗。

	癸巳。春正月。	三月。	夏四月。
	陈太建五年。		陳將軍吴明徹擊齊。取江北數郡。
	周建德二年。	周獲白鹿。	
	齊武平四年。齊以高阿那纮尚書事。		
○注：分立爾伏可汗統東面，步離可汗統西面。			

	五月。	六月。	秋八月。	冬十月。
陳				陳師攻齊，壽陽克之。
周			周太子贇納妃楊氏。○注：堅之女也。	
齊	齊主殺其蘭陵王長恭。	齊主遊南苑，殺其從官六十人。以高阿那肱爲司徒。		齊主立婢馮氏爲淑妃。
後梁				
異國				

甲午。春正月，二月朔，日食。

三月。

夏五月。

殺其刺史王琳，取齊昌，徐州等城。

陈太建六年。

周建德三年。周詔齊公憲等皆進符爲王。

周太后叱奴氏殂。

周廢佛道教，毀淫祀。

○注：穆後之婢，得幸，故立之。

齐武平五年。

	秋七月。冬十二月。			乙未。春二月朔，日食。夏四月。冬十二月朔，日食。	
陳			陳以孔奐爲吏部尚書。	陳太建七年。	陳焚文錦于雲龍門。
周	周立通道觀。○注：以壹聖賢之教也。	周衛王直反，伏誅。		周建德四年。	
齊			齊殺其南陽王綽。	齊武平六年。	
後梁					
異國					

丙申。夏六月朔，日食。冬十月。 十二月。	丁酉。〇注：是歲，齊亡〇陳周二大國，後梁一小國，凡三國。 春正月朔。
陳太建八年。	陳太建九年。
周建德五年。周主伐齊取平陽。 周主復伐齊，齊主大敗，走晉陽。遂奔鄴陽，入立安德王延宗以守周主，拔而執之。	周建德六年。周主滅齊。
齊隆化一年。	齊幼主恒丞光一年。齊主緯傳位于

二月。

陳		
周		梁主來朝。
齊	太子恒，周師圍鄴，緯出走，周主入鄴，齊丞相高阿那肱引周師追緯，及恒獲之，遂滅齊。	齊廣寧王孝珩、任城王湝起兵。
後梁		梁主朝周于鄴。
異國		

	夏四月。	五月。	秋八月。
	周主至長安，封高緯爲温公。	周主毀其宮室之壯麗者。	周獲九尾狐焚之。○注：白虎通德，至爲獸，則九尾狐見吳越春秋，禹娶塗山，乃有白狐九尾而應之。
信都，周齊王憲伐而執之。			

	冬十月。	十一月晦，日食。	十二月。
陳			
周	周主殺温公高緯，夷其族。○注：自己卯書齊滅元氏之族至此未二十年耳，反復之理可畏矣哉。	周省後宮妃嬪之數。	
			齊範陽王高紹義稱帝於北朔州。○注：突厥舉兵助之。
後梁			
異國			

戊戌。夏五月。

閏月。

陳太建十年。

周建德七年。周宣政一年。○注：按宣政乃周武帝改元宣帝，以是年六月即位，乃用武帝年號。明年，改元天成。周主邕伐突厥，有疾而還。六月殂。子贇立周主，贇殺其叔父齊王憲。

周立后楊氏。

高紹義人幽州周人。討之，紹義奔突厥。

	秋七月。	九月。	己亥。春二月。
陳		陳主及其羣臣盟。○注：無故而盟其臣，陳主之志荒矣。	陳太建十一年。
周	周以楊堅爲上柱國大司馬。		周宣帝贇天成一年。周靜帝闡大象一年。周治洛陽宮。
後梁			
異國			

	夏四月。	五月。	秋七月。
			陳初，用大貨六銖錢。○注：以一當五銖之十，與五銖并行，後復當一。
周與突厥和親。周主贇傳位于太子闡，自稱天元皇帝。周徙石經還洛陽。	周主贇立妃朱氏爲天元帝后。	周諸王皆就國。	周主贇立四后。

	冬十月。	十二月。	庚子。春三月。
陳			陳太建十二年。
周	周主贇復道佛像。○注：天元與二像并坐，大陳雜戲，令士民縱觀。	周初作乞寒胡戲。	周大象二年。周主贇立五后。○注：劉聰立三后，夷也。高緯立二后，非矣。周王又立四后，增至五后，何哉？
後梁			
異國			

夏五月。

周主贇殂，隋公楊堅自爲大丞相。假黃鉞居東宮徵，諸王還長安。周復佛道二教。周相州總管蜀公，尉遲迥舉兵相州討堅。堅遣韋孝寬擊之。周楊堅殺畢王賢。

秋七月。

陳

周

突厥執齊高紹義歸之于周。○注：紹義至長安徙蜀病死。周青州總管尉遲勤舉兵應相州。周丞相堅自加都督。中外諸軍事。周鄖州總管司馬消難舉兵應相州。周丞相堅殺趙王，招越王盛。

後梁

異國

八月。	冬十月，日食。	十一月。
周尉遲迥兵敗自殺。周丞相堅以其世子勇爲洛洲總管。	周丞相王堅殺陳王純。	周相州總管鄖公韋孝寬卒。

	十二月。	辛丑。○注：是歲，周亡隋代凡三國。 春二月。
陳		陳太建十三年。
周 隋	周丞相堅自爲相國，進爵隋王加九錫。周隋王堅殺代王達滕王逌。	周大象三年。 隋文帝開皇一年。隋王堅稱帝。
後梁		
異國		

隋主追尊考爲武元帝。隋立后獨孤氏。隋立世子勇爲太子，諸子皆爲王。隋廢周主闡爲介公，改封周太后楊氏爲樂平公主。○注：漢黄皇室主周樂公主皆守節者也，故皆書其改號。若齊之太原公主，魏孝静后則削之矣。

陳

周

隋

隋主盡滅宇文氏之族。○注：丁酉，殺高緯夷其族之報也。隋不監之而又甚焉。滅國自蕭道成始，書滅其族。未書盡滅也。于是始書盡滅隋之永宜哉。隋徵蘇威爲太子少保。

後梁

異國

三月。			隋以賀若弼爲吳州總管。韓擒虎爲廬州總管。隋以蘇威爲納言。				
夏四月。			隋築長城。				
五月。			隋主堅弒介公闡。				
秋九月。	隋來侵。		隋僕射高熲督諸軍侵陳。				

陳

周

隋

後梁

異國

冬十月。

隋初

行新律。

○注：使高熲裴政等定律法，制死刑二，曰斬，曰絞。流刑三，自二千里至三千里。徒刑五，自一年至三年。杖刑五，自六十至一百。笞刑五，自一十至五十。爲後世五刑定罪之始。又制議請減贖官當之科以優士大夫。凡枷杖皆有式。

十二月。	壬寅。春正月。
	陳太建十四年。陳主頊殂，始興王叔陵作亂，伏誅。太子叔寶立。
	隋開皇二年。隋以晉王廣爲河北行臺尚書。
突厥佗鉢可汗死，分立四可汗。○注：沙鉢略可汗居都斤山，菴羅居獨洛水，稱第三可汗。大邏便爲阿婆可汗，領所部。又沙鉢略之從父站，厥居西面，號達頭可汗。	

		夏五月。
陳	○注：叔陵，陳主之次子也。陳遣使請和于隋，二月，隋師還。	
隋	令蜀王秀爲尚書令，秦王后爲河南行省尚書令。	突厥來伐，入長城。○注：突厥佗鉢可汗嘗請和于周，周主賛以趙王招女爲千金公主，妻之，至是隋立千金公主傷其本宗覆没。日夜請爲周復僥，故高寶寧引突厥來寇。
後梁		
異國		突厥伐隋，入長城。

六月。冬十二月。		癸卯。春正月。二月朔，日食。三月，	
		陳後主叔寶至德一年。陳以長沙，王叔堅爲江州刺史。	
隋作新都于龍首山。○注：在西安府城北十里。	隋遣兵拒突厥却之。	隋開皇三年。	隋遷于新都。隋詔求遺書。

	夏四月。	秋八月朔，日食。	冬十二月。
陳		陳以長沙王叔堅爲司空。	陳司空長沙王叔堅免。
隋	陳郢州叛來降，隋王弗納。隋命左右僕射分判六部。		隋沿河置倉運粟以給長安。
後梁			
異國			

甲辰。春正月朔，日食。	二月。	夏五月。	六月。	秋八月。
陳至德二年。		陳以江總爲僕射。		
隋開皇四年。梁主來朝。	突厥來降。		隋作廣通渠。○注：鑿渠引渭，自大興城至潼關，漕運通利，關内賴之。	陳將軍夏侯苗叛來降，隋主弗納。
梁主入朝于隋。				
	突厥達頭可汗降隋。			

	九月。	冬十一月。	乙巳。春正月朔，日食。
陳		陳起臨春結綺望仙閣。○注：自居臨春，貴妃張鹿華居結綺。龔嬪、孔嬪居望仙。俱複道往來其間。	陳至德三年。
隋	陳與突厥和親。		隋開皇五年。
後梁			
異國			

夏五月。	秋八月。	丙午。春正月。	秋閏八月。
		陳至德四年。	
隋初置義倉貌閱户口，作輸籍法。〇注：從長孫平之請也。	突厥遣子來朝，隋築長城。	隋開皇六年。隋頒曆于突厥。〇注：頒曆外夷始此。	隋殺其上柱國梁士彦宇文忻劉昉。
後梁主歸殂，太子琮立。〇注：巋孝慈儉約，境内安之。		後梁主琮廣運一年。	
	突厥可汗遣子入朝于隋。		

	冬十月。	丁未。○注：是歲梁亡，凡二國。春正月。	二月。
陳	陳以江總爲尚書令。	陳禎明一年。	
隋	吐谷渾太子訶請降于隋，隋主弗納。	隋開皇七年。隋制株洲歲貢士三人。	隋開揚州山陽瀆。
後梁			
異國			突厥沙鉢畧可汗死。

夏五月朔，日食。	秋九月。	冬十一月。	戊申。
		陳臨平湖開。○注：故吴臨平湖開，而吴亡；陳臨平湖開，而陳滅。	陳禎明二年。
	隋滅梁，以其主蕭琮爲莒公。	隋主如馮翊祠故社。	隋開皇八年。
弟莫可可汗，處羅侯立。			

	春三月。	夏五月。	冬十月。
陳		陳主廢其太子胤，立子深爲太子。	
隋	隋下詔伐陳。		隋以晉王廣爲淮南行省尚書令、行軍元帥，帥師伐陳。○注：廣率楊素、賀若弼、韓擒虎、高熲等伐陳，兵至建康，陳後主出投。
異國			突厥莫何可汗死，兄子頡伽施多那都藍可汗立。吐谷渾裨王木彌降隋。

非隋兵以繩引之，上怪其太重，及出乃與張麗華同，束而上，既而擄後主至，請于文帝曰：『願得一官號。』文帝曰：『叔寶全無心肝。』吐穀渾裨王木彌来降。

隋○注：傳一二主共三十八年。編年紀事	隋高祖文皇帝。○注：名堅，隋公忠之子，華陰人。都長安。在位二十四年，壽六十四歲。 己酉。開皇九年。 春正月。總管賀若弼、韓擒虎進軍滅陳，獲其主叔寶。晉王廣入建康，誅陳都督施文慶等五人。陳湘州刺史陳叔慎，起兵長沙，敗死。 二月。陳馮魂以嶺南降陳地悉平。○注：嶺南數郡供奉高涼郡太夫人冼氏為主，詔遣柱國韋洸安撫嶺外。陳豫守徐澄處，南康桓
同姓王。	
異姓臣。	陳馮魂以嶺南降表爲義，通三司，冼氏冊爲宋康郡夫人。○注：魂寶之子。
異國。	

之。晉王廣遣陳叔寶遣夫人書諭以國亡，使之歸，隋夫人集首領數千人盡日慟哭。遣其孫馮魂迎洸，洸擊斬徐澄。嶺南皆定，表魂爲儀同三司。册冼氏爲朱郡夫人。

四月。晉王廣班師俘陳叔寶至京師。獻於太廟，論功行賞有差。

閏月，以蘇威爲僕射，楊素爲納言。

將軍宇文述拔吳東楊州。執其刺史蕭瓛、蕭巖以歸，殺之。

陳吳州刺史蕭瓛能得物情，陳亡吳人瓛爲王。宇文述等討之。執瓛東楊州刺史蕭巖以會稽降與瓛。皆送長安斬之。

殺樂安公元諧。

以陳江總表憲等爲開府，儀同三司。以蘇威爲僕射，楊素爲納言。

復故陳州境十年，餘州一年。
秋七月，羣臣請封禪，不許。
八月，以王雄爲司空。

庚戌。十年。
夏五月，詔軍人悉屬州縣。
六月，制民年五十，免役、收庸。

番禺夷反，遣給事郎裴矩討平之，以馮盎爲高州刺史，洗氏爲譙國夫人。〇注：盎寶之孫番禺夷王仲宣反，嶺南首領多應之。圍廣州，韋洸中流矢，卒。

辛亥。十一年。春二月。

吐谷渾可汗夸呂死，子世伏立。

秋八月。

殺滕王瓚。○注：初帝微時，與瓚不協。帝爲周相，瓚恐爲家禍，欲圖帝。其妃周高祖妹順陽公主也，亦與獨孤后不平。帝命出之，瓚不可至。是從幸栗園遇鴆，暴卒。

壬子。十二年。

秋七月，蘇威以開府就第。

八月制諸州死刑，悉移大理奏裁。○注：帝以天下用律者多踳駁①，故命高熲等定律法，制死刑二。曰斬曰絞。流刑三，自二千里至三千里。徒刑五，自一年至三年。杖刑五，自六十至一百。笞刑五，自一十至五十。爲後世五刑定罪之始。

①踳駁：錯亂，駁雜。

又制議請減贖官當之科，以優士大夫。凡枷杖皆有式。 冬十月。 十二月，以楊素爲僕射，與高熲專掌朝政。	癸丑。十三年。 春二月，作仁壽宮。○注：在鳳翔府麟遊縣西五里乃隋文帝所建，唐太宗更名，九成宮。 秋七月，詔儀明制度。	甲寅。十四年。 秋七月，帝如洛陽。
新義公韓擒虎卒，領軍大將軍賀若弼除名。		
	突厥突利可汗請婚，許之。	

冬閏十月，詔高仁英、蕭琮、陳叔寶修其宗祀、官給器物。
○注：以齊梁陳修其宗祀、官給器物亦可。少彷繼絶之意矣。然宇文氏自介公殞踣之後，竟無所聞。其忌克少恩之意，又自見于書法之外矣。

乙卯。十五年。
春正月，帝東巡，祀天於泰山。
二月，收天下兵器。三月，還宮。
夏六月，鑿底柱。焚相州所貢綾文布于朝堂。

丙辰。十六年。
夏六月初，制工商不得仕進。
秋八月，詔死罪，三奏然後行刑。

以光化公主妻吐谷渾。

丁巳。十七年。秋七月。

并州總管秦王俊有罪免。

以安義公主妻突厥突利可汗。

冬十二月。

殺魯公虞慶則。

高麗王湯卒子。○注：元嗣帝使使拜元爲遼東王。

吐谷渾弑其君可汗世伏。

戊午。十八年。春二月。

高麗寇遼西，遣漢王諒將兵討之。○注：隋文帝平陳并天下南北七代之運，分裂而始合。三光五嶽之氣否塞而始通，可謂建非常之功，成非常之業矣。會未十年，復事高麗之役，且高麗僻在遼海之外不可以中國

史萬歲以罪除名。○注：南寧夷爨翫反蜀王秀，史萬歲受賂縱賊，致身邊患。帝怒命斬之，高熲等諫曰：『史萬歲雄畧過人，雖古名將未能過也。』于是除名。

秋九月。罷漢王諒兵。

冬十二月，置行宮十二所。

○注：自京師至仁壽宮之道。

己未。十九年。

春二月。

夏六月。

治治之，隋人用兵不利。人心自是而亂。唐太宗所謂守成難于草創。豈不信然。

殺宜陽公王世積。○注：文帝忌酷功臣之不殺者鮮矣。雖微告者其庸免乎。故王世積與元諧、虞慶則等一例書殺。

遣楊素等分道伐突厥。都藍可汗未至，都藍擊突利敗之。突利可汗來奔。

秋八月，除右僕射高熲名。 九月。 冬十月。 十二月。	庚申。二十年。 春二月。 夏六月。 冬十月，廢太子勇爲庶人。 ○注：太子之廢始于楊廣，謀于宇文述，楊素而實成于獨孤后也。
	秦王俊卒除。
以牛宏爲吏部尚書。	賀若弼坐事下獄，赦出之。
以突厥突利爲啟民。可汗妻以義成公主，處之朔州。 ○注：時安義公主復以宗主，義成公主妻之。 突厥弒其都藍可汗，雍虞閭。	

○注：秦政以法毒天下，而扶蘇不得其死。一傳胡亥國遂以亡。隋氏之失亦大類此。

十一月，立晉王廣爲皇太子，是日，天下地震。○注：太子承祧主器，將以鎖安海宇。今乃於正位之日，舉四海九州之大，同日地震則天之警告，人主未有若此之明者而帝不之寤[1]，遂至喪身敗天下。哀哉。

辛酉。仁壽元年。

春正月，改元。○注：漢惑諂者之言而改章和，魏惑謙之之言而改太平真君，隋惑袁充之言而改仁壽，皆書元譏之也。以蘇威爲僕射。

夏五月。

六月，廢太學及州縣學改國

降。

突厥九萬口來

①寤：理解，明白。

學爲太學。○注：詔留國子學生七十人，太學四門，及州縣學并廢。尋改國子爲太學。按漢宣帝以刑名繩下，故作色於用儒之請，然未至於廢學校也。隋文以文法自矜，其視儒學若將浼焉。遂至盡廢而後已。殆與焚書坑儒相去無幾，真遺臭千古矣。

冬十一月，祀南郊。

以馮盎爲漢陽太守。

壬戌。二年。

秋七月。

八月，皇后獨孤氏崩。

冬十月，葬文獻皇后。

十二月，詔楊素三五一入省，論大事。

徵蜀王秀遠京師。

廢蜀王秀爲庶人。○注：蜀王奢僭固非無罪，然廢之非以其罪也。太子廣恐其不利于己，乘帝見疑之日，作偶人書帝。

及漢王諒名埋于華山，楊素發之。以秀妄述圖讖，又作檄文置秀。集中以開，是秀之廢，亦廣素誤之也。

癸亥。三年。

秋九月，龍門王通獻策，不報。

突厥啟民可汗歸國。

甲子。四年。

春正月，帝如仁壽宮。

秋七月，太子廣弑帝於大寶殿而自立，遂殺故太子勇。〇注：太子廣之事按之分庄条之通鑑。止謂逼金華夫人，夫人白帝。帝怒呼柳述、元巖召太子勇廣矯詔執述，巖繫獄。合張衡入侍疾，俄而，帝崩。故中外頗有異論，考以北史、隋史皆不載其事。獨宣華夫人陳氏傳所述，與通鑑畧同。然皆不敢正名定罪。今《綱目》乃大書，楊廣弑父與君之事，

并州總管漢王諒起兵，晉陽遣楊素擊虜以歸殺之。〇注：漢王諒又死于廣素矣。初，帝與獨孤后甚相愛，重誓無異生之。子嘗謂羣臣曰前世天子，溺于嬖幸嫡庶分爭。朕五子同母，可無此憂，又懲周室諸王微弱。

豈亦別有據印。始嘗疑之，既而推考至大業八年，殺張衡之日，衡臨死大言曰：『我爲人作何事而望久活？』監刑者塞耳役之，嗚呼：天使賊黨聲揚廣弑逆之罪，而楊廣之弑逆始得其正矣。

故使諸子分據大鎮。及其晚節迭相猜忌，五子皆不以壽終。

冬十月，葬泰陵。○注：在西安府武功縣西南二十里三時①原。

十一月，帝如洛陽塹龍門達上洛以置關防。○注：發丁男數十萬，掘塹自龍門東接長平汲郡抵臨清。開渡河至浚儀壤城達於上洛，以置關防。陳叔寶卒。○注：贈長城縣公，謚曰煬。以洛陽爲東京。

煬帝。

乙丑。大業元年。

①俟：等待。

春正月，立皇后蕭氏，立晉王昭爲皇太子。

三月，命楊素營東京宫室，開通濟渠引汴水開邗溝，置離宫造龍舟。

夏五月築西苑，○注：苑週二百里。

秋七月。

八月，帝如江都。

廢滕王綸、衛王集徙之邊郡。

劉方大破林邑還，卒于師。

鐵勒叛國，西突厥自立爲莫何可汗。○注：鐵勒匈奴遺種族類甚多。有僕骨同羅契、苾薛、延佗、等部其會長，皆號俟斤，大抵與突厥同俗。

丙寅。二年。

夏四月還東京。

六月以楊素爲司徒。

秋七月，太子昭卒，始建進士科。○注：後世進士之科始此。

八月，封諸孫爲王。

冬十月，置洛口倉回洛倉。○注：置洛口倉於鞏縣東南原上城週二十餘里，穿三千窖回洛倉。於洛陽城北七里，城周十里，穿三百窖，窖皆容八千石。

丁卯。三年。

春正月，突厥來朝。

三月。

封孫倓爲燕王，侗爲越王，侑爲代王。○注：皆太子昭之子也。

殺故長寧王儼及其弟七人。○注：皆故太子勇之子也。按太子

楊素卒。

突厥啟民可汗來朝。

夏六月，詔爲高祖建別廟，帝北巡次榆林郡。

秋七月，築長城，○注：發丁男百萬餘，西距榆林，東至紫河。

八月，帝至金河幸啟民可汗。

勇父子雖殺于煬帝，而實皆死于雲定興雲詔訓父女之手，惜哉。

殺太常卿高熲、光禄大夫賀若弼、尚書宇文弼。○注：皆前朝舊臣，既不能明弑殺之，禍又不引身而退，乃相與俛[1]首事賊戮之宜矣。然自煬而言之則亦不可。

啟民可汗及義成公主來朝，吐谷渾高昌皆入貢。

①俛：俯。

帳還至太原，營晉陽宮，宴張衡宅，○注：在濟源留宴三日。遂還東都。

戊辰。四年。

春正月，開永濟渠。○注：引沁水，南達於河，北通涿郡。

二月。

三月，帝如五原，遂巡長城。

夏四月，營汾陽宮。

秋七月，復築長城。

冬十月。

己巳。五年。

春正月，改東京東都。

三月，帝巡河右。

以裴矩爲黃門侍郎，經略西域。

西突厥入貢，倭國入貢。○注：倭王遣帝書曰：『日出處天子致書，日沒處天子無恙。』帝覽之不悅。

赤土如貢。○注：南海中遠國。

夏四月。

冬十一月，還東都。

殺司隸薛道衡。○注：道衡有盛名，帝殺之，曰：更能作：空梁落燕泥否。

西域諸國來朝，獻地置西海等郡。

突厥啟民可汗死，其子咄吉爲始畢可汗嗣。

庚午。六年。

春正月，盜入建國門。諸藩來朝，陳百戲於端門以示之。

三月，帝如江都。

冬十一月。

以王世充領江都宮監。○注：世充本西域湖人，姓支氏。父收幼後母嫁王氏，因冒其姓，世充有口辯，頗通書傳，能伺候顏色，由是有寵。

遣兵攻流求，殺其王虜其衆以歸。○注：流求古詳何國，漢魏以來不通中華。

文安侯牛弘卒。

穿江南河。○注：自京口至餘杭八百餘裏，廣十餘丈欲東。巡會稽也。

徵高麗王元入朝不至。

辛未。七年。

春二月，帝自將擊高麗。

夏四月至監朔，宮徵天下兵會涿郡，山東河南大水。

冬十月，底柱崩。○注：偃河逆流數十里。

同姓王。

異姓王。

群盜。

王薄、張金稱竇建德等起兵。○注：王薄、鄒平人擁衆長白山剽掠齊濟之郊。建德漳南人少，尚氣俠膽力過人，會募人征高麗，選爲二百人長，蓨人高士達聚衆

異國。

西突厥酋長射匱逐處羅可汗，處羅來朝。○注：射匱達頭之孫世爲可汗。今以失職附屬處羅。隋以處羅不朝拜，射匱以爲大可汗，令誅處羅，處羅來朝。

於清河郡縣，疑建德與賊通，收其家屬而殺之。建德帥麾下二百人亡歸士達，士達自稱東海公以建德爲司兵，張金稱鄃入聚衆河曲。

壬申。八年。

春正月。

三月。

夏六月，帝至遼東。

秋七月。

遣諸軍分道征高麗。

左候衛大將軍段文振卒于師。

諸軍度遼水，擊敗高麗，兵遂圍東遼。

西突厥爲三部。○注：使處羅之弟闕達度設居會寧，大奈別將餘衆居樓須，處羅從巡幸賜號曷婆那可汗。

秋九月，帝還東都。	癸酉。九年。 春正月，徵天下兵集涿郡，始募民爲驍果。命代王侑留守西京。 三月，帝復自擊高麗，命越王侗留守東京。
將軍宇文述等九軍大敗于薩水而還，諸將除名，殺張衡。○注：衡親行弑逆者也，監刑大言曰：『我爲人作何事而能久活耶。』可知弑文帝殺太子勇皆衡爲之也。	
	濟陰孟海公起兵，據周橋。

夏六月。

秋七月。

楚公楊玄感圍東都。○注：玄感素之子也。

遣宇文述等擊楊玄感，趨潼關，宇文述追之。玄感敗死。

以唐公李淵爲弘化留守。

遣吐萬緒擊劉元進，管崇敗死。詔緒還，以王世充代將元進、朱燮皆敗死。

餘杭劉元進兵起。

吳郡朱燮、晉陵管崇兵起。

甲戌。十年。

春二月，徵天下兵伐高麗。

三月，帝如涿郡。

秋七月，次懷遠鎮，高麗遣使請降。

冬十月，還西京。

杜伏威起兵，掠江淮。

○注：伏威章邱人，與臨濟輔公祏爲刎頸交。俱亡命爲群盜。伏威年十六，出則居前，入則殿候，由是其徒推以爲帥，轉掠江淮。

離石胡劉苗

十一月，祀南郊大風。 十二月，帝如東都，殺太史令庾質。	乙亥。十一年。 春二月。 夏四月，帝如汾陽宮。 秋八月，帝巡邊，突厥始畢。可汗八寇，帝入雁門始畢。
	以李淵爲山西河東撫慰大使。
王兵起。○注：劉淵之裔也。 汲郡王德仁起兵據林慮。	上谷王須拔、魏刀兒兵起。○注：賊帥王須拔，自稱漫天王，魏刀兒自稱歷山飛。各衆十余萬北連突厥，南寇燕趙。

闉之，九月乃解。冬十月，帝還東都，詔江東更造龍舟。

丙午。十二年。

春正月，分遣使者發兵擊諸起兵。作毗陵宮。○注：毗陵吳延緩季子邑也。

三月，宴群臣于西苑。○注：隋煬至此滅亡。無日方且，更造龍舟，作毗陵宮。今又宴遨西苑，雖天醜其惡，將殪之，而煬之所以自遭其亡何太甚也！

東海李子通據海陵。

城父朱粲兵起。○注：粲爲縣佐吏，從軍亡命。聚衆爲盜，謂之可達。寒賊自稱迦樓羅王。

夏五月，太業殿火。
五月朔，日食既。
秋七月帝如江都留越王侗留守，殺諫者任宗崔氏象、王愛仁。
冬十月。

翟讓、李密起兵攻滎陽。張須陀擊之，敗死。○注：李密往依郝孝德，孝德不之禮，又入王薄，薄亦未之奇也。變姓名聚徒教授郡縣。疑而捕之。又亡依其妹夫雍邱令邱君明爲君從侄懷義所告。

帝合捕之幸，免翟讓爲東都法曹，坐事當斬，獄吏奇其驍勇，破械出之，遂亡于瓦岡爲群盜。同郡單雄信聚少年往從之離狐，徐世積年十七，有勇略，説讓侵掠滎陽梁郡間附者益衆，得萬餘人，李密自雍邱亡去，察諸師惟翟讓最强，乃以濟陽王伯當見讓，爲讓畫策攻滎陽後讓以才不及密，又以圖讖李氏當興，推密爲王，號魏公。

十二月，帝至江都。

以李淵爲太原留守。

鄱陽林氏弘稱楚帝，據江南，號太平。

○注：鄱陽賊帥操乞師自稱元興王，陷豫章以鄉人。林氏弘爲大將軍，詔侍禦史劉子翊弘代統其衆。餘子翊兵復大振，自稱皇帝，國號楚，號太平，北自九江，南至番禺皆爲所有。

太僕楊義臣擊張金稱、高士達，斬之。竇建德收其衆取饒陽。○注：張金稱爲義臣擊斬之，餘衆盡歸建德。建德爲士達司兵，諫士達引兵避之，不聽。及義臣大破士達斬之，建德與餘騎逃亡饒陽，乘其不備，攻陷之。收兵得三千餘人。義臣以建德不足憂，引去建德，還平原爲士達發喪，收散兵軍復大振，自稱將軍。

河間格謙自稱燕王，據豆子䴚，遣王世充擊斬之。其党高開道收其衆掠燕地。

丁丑。十三年。○注：恭帝劉侑義寧元年。

異姓臣。

割據	楚帝林氏弘大平二年。
割據	竇建德自稱長樂王。
割據	李密稱魏公。
割據	劉武周稱定楊可漢號天興。
割據	梁師都稱梁王號丞隆。
割據	薛舉稱秦霸王號太興。
割據	蕭銑稱梁王號鳳鳴。
異國	

春正月。

二月。

竇建德稱長樂王。

翟讓李密據典洛會攻敗東都兵，讓客爲魏公略取河南郡。

馬邑校尉劉武周據郡起兵。○注：武周馬邑人爲應楊府校尉，會任俠因興馬邑太守王仁恭侍兒通恐泄謀亂績當斬，仁恭特其首，以狗無敢動者，于是開倉賑饑，收兵得萬餘人。

朔方郎將梁師都據郡起兵。○注：師都殺郡丞附突厥。

三月。

遣使時于突厥。

突厥立劉武周爲定楊可汗，取樓煩、定襄、雁門諸郡。

梁師都自稱梁帝，引突厥宿邊。

夏四月。

密攻東都入其郛①。

全域校尉薛舉起兵隴西，自稱秦伯王。

①郛：外城。

○注：時隴右盜起。薛舉驍勇而富，爲全城校尉。金城令郝瑗募得人數千，使舉將而討之。方置酒饗士舉與。其子仁杲及同黨十三人于座劫瑗，發兵開倉賑施，自稱西秦伯王，以其子仁杲爲齊王，仁越爲晉王，盡得隴西之地。衆至十三萬。

五月。

李淵起兵太原，殺留守王威、高君雅。

○注：初淵娶于神武肅公竇毅，生四男，建成、世民、玄霸、元吉，一女。適太子千牛備身臨汾，此紹淵相表奇異。煬帝異之，逐縱酒納?以自晦。晉陽宮監裴寂私以宮女侍淵，淵子世民聰明勇決，見隋室方亂陰有安天下之志。劉交静見而異之，謂寂曰：『此人命世才也。』遂與之擒李淵興異兵。舉兵晉陽。

東都遣兵擊舉寓，大破之。齊退屯洛口。

六月。

唐公以義起兵大非。群盜之比。《綱目》一概書，何哉？公尚能正名仗義，若湯之伐桀，武之伐紂，沛公之誅無道秦。《綱目》亦必有以處此矣。惜乎，兵以義起乃止于尊。隋而不能爲討賊之舉，君子雖欲異之，何可得也？况設詐罔衆殺人以利己乎？

李淵遣世子建成及世民擊西河郡，拔之。斬丞高德儒。

秋七月。

八月。

李淵自稱大將軍，開府置官屬。	李淵引兵至霍邑。代王侑遣郎將宋老生將軍屈突通將兵拒之。○注：霍邑屬平陽郡今平陽府。	李淵與宋老生戰，斬之。遂取霍邑。李淵克臨汾。降郡劉文靜以突厥至，遂下韓城。
李密復取回洛倉。		
	薛舉自稱奉帝。徙據天水。	

九月。

李淵濟河，遣建成守潼關。世民狗渭北。柴紹妻李氏及李神通段綸，各起兵以應李淵。關中群盜悉降于淵。

○注：神通淵之從弟亦在長安亡，入鄠縣。山中興大俠史萬寶等，起兵應淵。李氏滅，使其奴馬三寶説何。潘仁李仲交向善志保，帥衆從之段綸。淵之女婿亦于藍田得萬餘人，各遣使迎淵。

今密遣徐世績取黎陽倉。王世充救東都，合擒李密于洛口。

冬十月。	十一月，李淵立代王侑爲皇帝，尊帝爲太上皇。○注：侑年十三。
李淵合諸軍圍長安。	李淵克長安。殺留守官、陰世師等十餘人。
王世充及李密戰于洛北。敗績。	王世充與李密戰于石子河。敗績。李密翟讓殺之
薛銑起兵巴陵，自稱梁王。○注：銑嚴之，孫梁寶之，後爲羅川合巴陵校尉。董景珍等與旅師徐德基謀據郡叛隋，推銑爲主，自稱梁王。	

十一月

淵自爲大丞相。封唐王建成爲唐王。世子世民爲秦公，元吉爲齊公。	唐王追諡其大父爲景王，考爲元王，夫人竇氏爲穆妃。屈突通降唐。唐遣通招堯君素不下。
	薛銑收豫章。林嘉退保餘子。
	世充襲李密敗績。
	薛舉侵扶風，遣秦公世民擊敗之。
	蕭銑收豫章。

戊寅。

無統

春正月。

隋恭帝侑義寧二年。

恭帝侗皇泰初年。

唐高祖李淵武德元年。

○注：是歲隋煬帝廣恭帝侑亡。

唐王淵自加殊禮。○注：唐公以義起兵取天下。而亦襲近世篡奪之跡者，何也？惟其始也，名義不正，故其終焉之弊必至于此。自爲大丞相，自加殊禮，自爲相國。唐公雖欲曲爲之説何？可得也。惜哉。

夏竇建德號五鳳。

魏李密是歲亡。

朱粲稱楚王號昌達。

薛舉稱秦帝是歲亡

李軌據涼州稱涼王。號安樂。

○注：李軌任俠而富。薛舉起兵金城。軌舉同郡。曹珍等謀曰：『薛舉必來侵，暴郡官庸怯。

	三月。	五月。
	隋宇文化及弑其君廣于江都，立秦王浩。○注：齊王暕、蜀王秀、趙王杲皆被殺。唯秦王浩素與智及往來，化及立之爲帝。	唐王淵稱皇帝。○注：漢唐皆以兵取天下。漢高祖書即皇帝位。此其書稱皇帝。何唐之兵不以討賊名也。
唐遣世子建成、秦公世民救東都。以齊王元吉爲太原道行軍元帥。	唐王淵自爲相國，加九錫。	
	宇文化及發江都彭城。魏公密拒之。化及引兵入東都。	
吾輩豈可束手？不如相與并力拒保。據河右以侍天下之變。』衆即推軌爲王。		
		梁王銑稱皇帝。

隋越王侗稱皇帝。○注：昭烈之立書即皇帝位。侗，煬嫡孫也。煬弒而後即位。則書稱皇帝。何煬弒父則賊也？其子孫豈得與昭烈此哉？《綱目》立書稱皇帝弒書隋主。列國之也。

唐更世子建成爲太子。世民爲秦王。元吉爲齊王。○注：謹按，凡例立太子非正統則不書是年。天下凡十二國，唐雖稱帝，無統之時也。本不應書，特書以備唐事而已。後立太宗時，已并天下得正統也。

唐廢隋帝侑爲酅國公而選用其宗室。○注：侑原不宜立而立也。然既立之而又廢之，唐之罪也。故雖夷隋列國而于侑。特書帝焉。

魏公密敗宇文化及于黎陽。表降唐。

○注：蕭銑即帝位，徙都江陵使張繡狗嶺南東自九江西抵三峽南。盡交阯北。距漢川銑皆有之。勝兵四十余萬。

六月。	秋八月。
唐以趙公世民爲尚書令。裴寂爲右僕射，知政事。劉文静爲納言①。蕭瑜爲内史。唐立四親廟。唐以永安王孝恭爲陝州總管。	隋人葬煬帝于江都。
長樂王建德定都樂壽。○注：樂壽河間獻避地。	
魏公密如東都不至而復。○注：密降隋，後每戰勝必告捷于隋。隋人皆喜。獨王世充不然。故隋以正世充爲僕射。不至東都而複。	魏公密與
	秦王舉卒。

①納言：古官名。主出納王命。

十一月。

隋宇文化及弒秦王浩，自稱許帝。唐以李密爲邢國公。唐以李軌爲涼王。唐以淮安王神通爲山東安撫大使。隋以王世充爲太尉。

徐世績降唐。賜姓李氏。唐以秦王世民爲陝西大行臺。唐以羅藝爲幽州總管。

夏王建德取深、異，定等州。

臨戰大敗，遂以其衆降唐。唐以李密爲光祿卿邢國公。朱粲自稱楚帝。

李密叛唐。行軍盛彦師討斬之。

子仁果立。唐立李軌爲涼王。○注：唐公欲與軌共圖奉攏。故詔爲從弟冊拜爲涼王。

涼王軌稱帝。

唐秦王世民破秦兵，圍析墌，秦王仁

	己卯。
○注：宇文化及遣使招藝。藝曰：『我，隋臣也。』斬其使爲煬帝發喪。臨三日賣建德高開道，各格之。藝曰：『二子皆據賊耳。唐公乃吾主也。』遂奉表降唐。唐賜姓李。 唐斬薛仁杲于市。	隋恭帝侗皇帝泰二年。唐武德二年。
	楚粲是歲降唐以爲楚鄭王王世充號開明王。
杲出降唐。斬薛仁杲於市。高開道據漁陽自稱燕王。	涼李軌亡。沈法興稱梁王號延康。李子通稱吳王號明政。

春二月。	隋東海、北海、東平、須昌、淮南諸郡皆降於唐。			夏王建德破宇文化及於聊城。	王世充自稱鄭王，加九錫①。			唐遣安興貴發擊梁主軌以歸。	
夏四月。	王世充弑隋主侗。○注：謚曰恭皇帝。			夏王建德立隋楊政道爲勳公。○注：政道隋齊王暕遺腹子。	楚王朱粲殺唐使者奔東都王世充。	定楊可汗武周圍府并州取榆次。		殺之河西平。○注：與貴却幾將安修仁之弟也。	
八月。	唐鄭公卒。○注：謹按凡例失尊曰卒。注云：如周赧漢獻之類。隋恭爲鄭公，則亦曹奐之類矣。			夏王建德取唐涼洺相州。	鄭將士信降唐。		梁王師都以突厥寇延州唐總。		梁王先侵唐峽州刺史許紹擊破之。

①九錫：古代天子優禮大臣，所賜與的車馬、衣服、樂器、朱户、納陛、虎賁、弓矢、斧鉞、秬鬯等九種物品。

唐殺其民部尚書劉文靜。唐以李綱爲太子少保①。杜伏威降唐。唐以爲和州總管。

夏建行克，唐黎陽處淮安王神通李世勣降。遂定滑齊充等州。夏入克新鄉于其將劉黑闥。○注：李世勣之詣建德降也，以其父蓋爲所虜也。常欲歸唐，恐禍及其父，因先立功。

鄭王世充詢地至唐江洲降之。

定楊可汗武周取井州，齊王元吉奔齊。

管段德操擊破之。

沈法興稱梁主於昆陵。李子通稱帝于江都。○注：沈法興稱梁都昆陵，專尚威刑，其下離怨。時杜伏威擄曆陽，陳稜據江都。李子通據海陵。俱有窺江表之心，通攻江都克之。稜奔伏威，子通入江都即帝位。國號吳。

①少保：輔導太子的官。

庚辰。春正月。	
唐武德三年。突厥立楊政道爲隋主,居定襄。	
李世勣復歸于唐。	以取信劉黑闥。漳南人少曉建德善議事。王世充常稱笑其所爲。世勣擊新鄉,虜其將劉闥黑建德,由是親之。
定楊亡。	
梁法興亡。	
突厥立楊政道爲隋	

御批： 唐高祖感于誕妄之言，遂以老子爲祖而爲之立廟。至高宗明復恢張其說，崇信不疑，何所見耶？

夏四月。	唐秦王世民擊定楊將宋金剛破之。定楊可汗及金剛皆走死。					定楊可汗武周走死。				王，居定襄。
五月。	唐立老子廟。									
秋七月。	唐遣秦王世民督軍伐鄭。									
九月。	鄭顯州總管田瓚，以二十五州降唐。				鄭由瓚以二十五州降唐。					
冬十月。					鄭遣使出夏之師。			高開道遣使降唐。○注：唐以爲蔚州總管封北平郡王，賜姓李氏。		

十二月。	辛巳。	春二月。
鄭許亳十一州降唐。	唐武德四年，并楚梁師都，凡三國。	秦王世民敗鄭
	夏寶建德亡。	
鄭許亳十一州降唐。	鄭王世充亡。○注：鄭王世充與唐戰于轂水，敗績。	
吳主子通敗梁臣，取京口。杜伏威弒王之子梁主法興走死。	吳王李子通亡。	
	梁蕭銑亡。	

三月。		秋七月。	冬十月。
王世充于轂水，進圍洛陽。		唐秦王世民至長安，獻俘於太廟。赦王世充，斬竇建德。唐初行開元通寶錢。	唐以秦王世民爲天策上將。
	夏王建德將兵救鄭。五月，唐秦王世民大破擒之。鄭王世充降。	竇建德，故將劉黑闥，起兵漳南。	
	鄭主世降唐。		
			梁王蕭銑降。

十一月。

遣趙郡王孝恭李靖伐梁。梁主蕭銑降。

杜伏威擊李子通，執送長安，高開道叛唐，自稱燕王。

〇注：蕭銑故梁王子，欲復先業。非唐叛臣。唐師伐之，又以百姓不忍，固守而降。然而唐初割據之主，銑最無罪。高祖誅之。淫刑甚矣。

壬午。

十二月。

唐武

唐命秦王世民、齊王元吉擊劉黑闥。

楚林

劉黑

○注：高開道前因幽州總管李藝遣使降唐矣。至事幽州，幾藝告稱于開道，許之。藝發三千人，車數百乘，馬千匹，往受粟。開道悉留之，告絕於藝，復稱燕王。與劉黑闥相結。

	秋七月。	夏六月。	春三月。
德五年。	唐。		
	杜伏威入朝於唐。		秦王世民破劉黑闥於洛水。黑闥奔突厥。
士弘亡。			
闥稱漢東王號天造。		劉黑闥引突厥寇山東。	劉黑闥引突厥。
	李子通叛唐伏誅。		

冬十月。

隋漢陽太守馮盎降唐。○注：以爲高羅春白崖儋林振八州總管嶺南悉平。

楚王林士弘卒。其遂散。

十一月。

遣太子建成擊劉黑闥。○注：太子建成兵至昌樂，劉黑闥亡走昌樂大名府。

劉黑闥亡走。

癸未。

唐武德六年。

漢東劉黑闥亡。

春正月。	二月。	三月。
	平陽公主薨①。○注：興義兵轉成大業，故不與常婦人比。幽州總管李雲入朝於唐。	梁將賀遂索同以十二州降唐。
漢東將諸葛德威執其君。劉黑闥降唐斬之。○注：送諸太子斬於洛州。		

①薨：古代称诸侯或有爵位的貴族或大官死去。

秋八月。

淮南道行臺僕射①輔公祏反。

輔公祏稱宋帝，號天明。

○注：公祏與杜伏威交善，軍中謂之伯父。畏敬與伏威等、伏威侵，忌之。欲奪其兵權。

①僕射：職官名。秦時設置，因古時重視武官，用善射的人掌理事物，漢以後各朝都據秦法而有此官。至唐時，左右僕射相當於宰相的職任。宋徽宗時改左右僕射爲太宰、小宰，此後僕射之名不復存在。

公祐知之陽，爲學道，解穀以自晦。及伏威入朝，留公祐守丹陽。乃詐稱伏威貽書，合其起兵，尋稱帝于丹陽，國號宋。